西南政法大学民商法学术论丛

民法笔记：物权法Ⅰ（第3版）

民法ノート　物権法①　第3版

[日]鎌田薫◎著
于宪会◎译

法律出版社 LAW PRESS · CHINA
北京

MINPO NOTE BUKKEN-HO 1 3rd Edition by Kaoru Kamata

Original Japanese edition published by Nippon-Hyoron-sha Co., Ltd.
This Simplified Chinese language edition published by arrangement with
Nippon-Hyoron-sha Co., Ltd., Tokyo in care of Tuttle-Mori Agency, Inc., Tokyo

著作权合同登记号
图字：01-2022-3845

民商法之于中国社会的意义(代总序)

法律作为人类文明最为重要的理性结晶,对推动人类社会的进步与发展发挥了非常重要的作用。在所有的法律制度设计中,民商法作为万法之源和其他法律制度存在的基础,对社会发展发挥着尤为关键和突出的作用。如何准确把握民商法与社会发展之间的关系,不但关系如何清晰认识民商法与其他法律之间的关系,而且关系如何更进一步充分发挥民商法在中国社会建构中的作用等一系列重大问题。

一

和其他社会科学一样,法学学科的发展也经历了一个从简单到复杂、从诸法合体到部门法林立的发展过程。作为其结果,一方面,越来越细密化的学科建构使法律的制定更加理性化,对社会关系的调整也更加精准化,从而可以将法律对社会关系的规范、促进和限制等作用发挥得日愈极致;另一方面,当专业化的学科不断地想从原有的本体独立出来时,它很大程度上已经具有了独特的调整范围、调整方法和价值理念,具备了独特的认知、解释和改造世界的功能定位和学科理论基础。在这方面以民商法最为典型。古今中外的各国民商法之所以能够从刑法的附庸和婢女晋升为耀眼的法律女神,除了得益于社会发展对民商法的强烈呼唤这一外在环境之外,更依赖于民商法本身所隐含的以人本主义精神为代表的强大文明基因和以保障生存与关爱民生为代表的民本主义情怀。因此在某种意义上可以说,没有这种为天地立心、为生民立命的使命、担当和气魄,民商法就不可能实现对其他法律的价值引领,也不可能为现代社会贡献如此之多的法律精神和法律理念;此外,如果没有直面社会需要的求实精神和数千年来孜孜探索的薪火相传,也不可能成就今日民法典之荦荦华章。换言之,民商法既有仰望星空谱万世太平之宏大追求,也有脚踏实地保黎民幸福安康的工匠精神,而正是这些看似毫不起眼的细密规则的编织,给人类社会的有效运行提供了最琐碎、最普遍,但却最重要、最基础及最根本的稳定生活秩序。

民商法为人类生活提供最基础的社会规范。民商法规范与人类的社会生活休戚相关,从竖向关系来说,人生的每一个阶段乃至生老病死都属于民商法的关注范围;从横向范围来看,无论是人类的家庭生活、职业生活还是公共生活都难逃民商法的影响,无论是物质生活还是精神生活,无论是婚丧嫁娶还是柴米油盐都可在民商法的制度设计中找到答案。民商法规范不仅仅回答了人为何为人和人何时开始为人等问题,更全方位指导着人从脱离母体后的成长教育、娶妻生子,甚至安排后事。就家庭关系而言,几乎所有国家的民法都要调整两性之间的夫妻关系和父母子女之间的抚养关系、赡养关系和继承关系;在职业生活中,民商法不但要规范雇佣人和劳动者之间的权利义务关系,而且强调职业身份的差异不能作为否定当事人之间法律地位平等和人格平等的理由,用人单位(雇佣者)有义务保障劳动者的人格尊严和体面工作;而在公共生活领域,民商法既要对社会风险的一般承担规则根据风险控制理论做出合理安排,如既要从总体上设定盈利和风险相匹配的约束条件,又要追求权利和义务相一致的公平性目标;其同时还要对特定的责任风险承担规则做出详细说明,所以才规定了自愿参加文体活动的人要对自己所选择的风险承担相应责任,公共场所和公共活动的所有者、管理者或组织者要对相关社会主体承担安全保障义务等。由此可见,不但人类生活的诸多琐碎场景都被纳入民商法的关照视野,而且这些法律规范还都共同被置于民商法所追求的基本价值理念之下。

民商法为人类生活提供最普遍的行为秩序。尽管人类的生活存在较为明显的时代性隔阂与地域性差异,但民商法的基本规范却能够跨越历史和国界为各时代和各地域的人类群体所适用。现代几乎所有国家的民法典都可以从古罗马法中找到相应的制度痕迹,《法国民法典》和《德国民法典》的制定与其说是基于特定时代的历史创造,毋宁说是罗马法的发现和对罗马法的重新阐释。以民商法为核心的罗马法的制定和编纂,既是为了对被罗马所占领的领土及其原住民进行主权宣誓,同时也是向他们系统性地宣告一种有吸引力的生活方式,以聚拢和收服民心。这种法律定位使罗马法在制定伊始就既要平衡各方的利益和矛盾,又要考虑规则实施的可能性和可行性,因此作为现代法律主要源头之一的罗马法不但具有较为显著的理性主义色彩,同时也被作为制度竞争的工具加以使用。其后的《法国民法典》、《德国民法典》、《瑞士民法典》、《意大利民法典》乃至《荷兰民法典》和我国《民法典》都很好地继承了罗马法的优良基因并进行了适当的本土化改造,其结果是使得民商法在服务本国社会发展的同时保持了基本规则的稳定性和共通性。

民商法为人类社会提供了最重要和最根本的生活准则。纵观各国民商法律制度的发展历史我们可以发现,无论民商法律制度如何变化,无论如何对民商法进行定位和解读,有一点是肯定的,即所有的民法制度都是针对人的需要和人的生活而展开的,且在民法的视野中人是目的而非手段,因此民法典既是关于人的生活的百科全书,也是规范人的活动的权威巨著。所有的民法规则都是基于人的生活而创造的,人的理性介入的主要作用仅在于将生活语言转化成更加贴切的法律语言。究其原因在于,相较于许多法律领域而言,民商法与人的生存和生活具有高度的关联性,人终其一生还是离不开与民商法发生各种各样的关系。民法不仅回答了人何以为人的问题,即人作为社会主体所应当具有的基本人格、基本权利和可以进行的基本行为样态,而且回答了当自己的合法权利受到侵害时,人怎么来寻求相应的法律救济的问题。民商法规则告诉我们,人的生存必须有一定的财产作为物质基础,这些财产既可以通过自己的劳动创造来获取,也可以通过交换、继承等合法方式而获得。作为民事主体,我们有权利也有义务通过各种方式保护自己的财产,维护自己的合法权益,而保护的方式既可以寻求国家公权力的救助,也可以采取自卫、自助等私力救济手段。民商法规则还告诉我们,人是世间最伟大的存在,人的生命、健康、人格和尊严是神圣不可侵犯的,是不能够用金钱加以衡量的,因此不但人格尊严、人格自由和人格权利不受侵犯,而且人本身包括人体细胞、人体组织、人体器官乃至遗体都不能作为自由交易或随意处分的客体。故而,民商法不但对人及其活动进行了全方位调整,而且其对人类生活调整的跨度、广度、密度和厚度也是其他任何法律部门所不能及的。

二

民商法在关注人的本体的同时,也高度关注与社会关系和社会经济活动的互动与因应。实际上不同的法律部门对社会发展的作用后果和作用能力并不完全一致,这既是因为不同法律部门所规范的对象存在明显差异,更是缘于不同的法律部门因其所承担的社会角色不同而在调整目标和调整手段上存在明显不同。相对于其他部门法而言,民商法不但在对社会关系的调整范围和调整对象上具有更大的广阔性,而且在调整理念上更具有先进性,在调整手段上更具有灵活性。与其他法律部门主要侧重于对主体行为的限制和禁止不同,民商法对社会关系的调整更加侧重于对主体权利的倡导和弘扬,侧重于对社会经济活动的引导和促进,侧重于对社会关系稳定性和社会秩序安全性的加持和保障,侧重于对行为结果的确认和维护。因此可以说,民商法主要借助对主体平等身份地位的重申、对私权神圣的敬畏、对财产归属关系和获取方式的明晰、对彼此间人身关系与财产关系的规范与疏导等方式来塑造社会主体的信仰,淬炼社会主体的恒心并激发社会主体的无限创造力以促进社会的发展。

民商法通过产权制度承认、保护和调整人类通过劳动等行为所取得的各项成果。资源的有限性要求人类对资源的攫取不能遵循弱肉强食的粗暴法则,否则人将沦为动物般的存在,而对资源的权属明确便是民商法促进社会发展的重要手段之一。民商法通过物权制度与知识产权制度等分别对有形资源及无形资源加以规范,借助产权制度对凝结在商品上的无差别的人类劳动所展开的权利固化是商品得以流通的前提,因为产权交易需要以产权归属明晰为基础。同时,民商法利用具有排他性和垄断性的产权制度来释放人的潜能,激发人的进取心,并以此促进社会的繁荣昌盛。人作为一种社会性动物,不可避免都具有一定的对各种资源和财产的占有欲和自私心,这种占有欲和自私心既是保障自己不被社会所淘汰的物质基础,也是诱发人类积极奋斗的动力和源泉。人类对物质的欲望本身并不具有当然的可受谴责性,法律所要禁止的是行为人通过不正当手段为自己非法谋取利益,即马克思所反对的无偿地占有他人的劳动成果的行为。相反,如果财产的获取方式是正义的,即在尊重其他人是其劳动成果的主人的前提下通过交换等方式而获得自己所需要的财产,那么这种财产的获取方式就具有正当性。因此良好的产权制度设计能够激励人类遵循良性的竞争方式,在不断实现自我价值的同时为社会累积更多的物质财富。

民商法通过主体制度来实现社会的有序治理并鼓励人类勇于拼搏和冒险。由于受生理条件和财富聚集能力的限制,大多数自然人在面对各种社会风险和不确定性时,其个人力量都是非常渺小的,其改造自然造福社会的能力也是相较无力的,因此在许多情况下只有借助于集体的力量才能实现特定的社会目的。马克思在《资本论》中有言:假如必须等待积累去使某个资本增长到能够修建铁路的程度,那么恐怕直到今天世界上还没有铁路,但是,通过股份公司转瞬间就把这件事完成了。其表现在法律上,作为民商法律制度的最伟大创造之一就是创造了独立于自然人之外的另一种民事主体——法人。法人制度的出现不但丰富了作为行为实施者和权利、义务、责任承担者的主体类型,而且更为重要的是突破了自然人在生命周期、行为能力、资源筹集和行为目的方面的限制,并有效克服了单一自然人在信息占有和理性思考方面的局限,能够集合众多人的经验与智慧,创建具有永久性、复杂性和重大性的事业。更为重要的是,法人制度的出现还颠覆了社会对主体性的认知,改变了市场的主导交易规则,重新定义了交易的目的和价值。换言之,如果说生存性交易是自然人从事交易活动的主要目的和基本交易形式,那么由于法人既不存在延续生命的压力也不存在其他的人伦性需求,因此其行为的唯一冲动就是通过赚钱给投资人带来高额回报,正是基于这一原因,法人的交易行为几乎只能表现为营利性交易。不仅如此,由于在营利性法人制度中还巧妙嵌入了有限责任激励机制,因此在追求盈利目的实现的目标驱动之下,法人组织的内在活力会得到充分发挥,在保证为股东创造利润的同时,也极大地促进了人类社会的经济繁荣。在此意义上可以说,没有法人制度,我们既无法享受以美好生活实现为核心的现代物质文明,也无法享受以有效治理、多元参与和协同自治为核心的现代社会文明。

民商法借助交易制度来促进产权流通和社会的专业化发展。在产权制度和主体制度不断完备的条件下,另一个现实局面是,由于社会分工的细密化,每个人的生产活动都被限制在极小的专业范围内,故而每个人都无法生产出自己所需要的全部产品。而伴随着社会的发展,人的需求范围越来越广泛,特别是在从商品经济进化到市场经济之后,不但市场的广度和深度得到极大拓展,而且市场的交易方式、交易类型、交易对象和交易机制都发生了根本性变革。因此,为了满足人的多样化需求,交易成为连接供需的最有效渠道。民商法通过所有权制度保障了民事主体在文明社会中的劳动价值,承认并保护其通过劳动所获得的财富的合法性和正当性。而合同制度不但把交易规则固定下来,从而使交易行为的结果更具可预见性,同时实现了财产和产品在不同主体间的有序转移。特别是民商法认可不同主体之间的能力差异,通过创设合同制度用以鼓励财产流转来丰富民事主体的社会生活,并借此形成了刺激不同主体在合规秩序下努力创造个体财产的机制,以此间接地为社会文明的蓬勃旺盛培养了生命力。商行为制度将当事人之间的合同关系外化为各种以营利为目的的市场行为,并将其直接服务于市场主体的经营行为。从该意义上来说,一个国家民商法律制度的完善程度不仅决定了一个国家法治化水平的高低,而且直接决定了该国社会经济的活力、动力和潜力。

民商法依靠保障制度来维护社会发展的平稳运行。社会发展的两个阶段分别是无秩序社会与创造秩序、有社会秩序与维护秩序。社会的良性运行需要有条不紊的秩序化境界,而社会关系的失序和社会行为的失控既会害及社会的正常运行,也会影响个人权利的享有和行使。民商法通过对产权制度、主体制度与交易制度等的创设主要解决的是社会的基本运行规则和运行秩序问题。但由于不同主体之间存在明显的利益冲突,因此当民事主体在追逐自己利益最大化的时候,对其他民事主体的侵害实难避免,为此需要通过法律救济制度矫正失衡的民事关系,保障主体的合法权益。与刑法、行政法等公法主要依靠国家机关公力救济实现对权益和秩序的保障目的不同,民商法对私权主体的保障主要采取的是私力救济手段,其不但允许受侵权主体享有制止侵害和实施正当防卫的权利,而且还直接赋予了私权主体通过留置、扣押等方式展开自我救助的权利,以此来使失序的规范得以复位,民事主体的合法权益得以保障。

三

良好的社会治理能够保障社会的稳定发展和人民的安居乐业,而民商法作为一种载体、一种手段、一种文化,能够对共同体的社会治理产生系统性、潜在性和广泛性的影响。

民商法能够服务并贯彻多重化的社会治理目标。民商法作为一种制度,是社会治理的一般化工具,其存在的重要意义之一便是服务于社会治理。为此,需要民商法在社会关系的诸多关键领域充分利用其基础性、包容性的制度张力,将民为邦本、求仁睦邻、权责匹配、社会责任等政治主张转化为符合公平正义等现代化法治要求的制度设计。所以,民商法在主体制度中明示法律主体的平等地位并重视对弱势群体的照顾,通过特留份制度有效保护了未出生胎儿的合法权益,在继承关系中通过倾斜分配遗产的方式对生活有特殊困难又缺乏劳动能力的继承人给予关爱;在物权制度中通过确立有利生产、方便生活、团结互助、公平合理的立法原则,不但有效平衡各物权主体之间的权利义务关系,而且宣示了社会和谐的友爱精神;同时也在合同制度中通过确立缔约过失责任对违背诚信要求的行为进行必要的惩戒,通过确立情势变更原则矫正当事人之间失衡的权利义务关系。

民商法能够动员和鼓励广泛性的社会治理主体共同参与社会治理。现代化社会治理的发展趋势之一即是社会治理取代社会管理,这不同于此前社会治理应当完全仰赖于国家的假定,其意味着社会秩序的维护和达成不再是政府单方面的事务,而是政府与公民和社会共同的事务;政府不再是单一的管理主体,社会不再是被管理的客体;治理过程不再是自上而下的单向度管控,而是多元主体的平等协商与合作。而民商法在这一转变过程中所能发挥的功效体现在动员、鼓励并在适当程度上要求私法中的角色——如单位、公司、机关、学校等——有意识地树立法律主体的意识,承担民商法中的规范性义务,缓解并降低国家治理社会的成本和压力。

民商法能够为社会治理提供更加精细化的治理手段,而治理手段的针对性强弱直接关联到社会治理的效果。因此,民商法在技术信仰一念成佛、一念成魔的艰难抉择中,秉持以人民利益为中心的坚定信仰,通过精细化的制度设计,不但有效完成了"求善祛魔"的责任担当,而且极大强化了社会治理的有效性和正当性。典型的如,民商法通过明示自然人享有人身自由、人格尊严等各项权利和利益,完成了自然人的本体化构造;通过强调人格权不得放弃、转让或者继承,完成了人格利益的物质化剥离;通过规定禁止以任何形式买卖人体细胞、人体组织、人体器官、遗体,宣誓了人本身的神圣性;通过重申私人生活安宁和私密空间、私密活动、私密信息受法律保护,维护了人的尊严;通过要求从事与人体基因、人体胚胎等有关的医学和科研活动,应当遵守法律、行政法规和国家有关规定,不得危害人体健康,不得违背伦理道德,不得损害公共利益,对与自然人相关的商业化和非商业化利用划定了明确的红线。这些制度设计不再把人视为被管理的对象,而是把人作为社会治理的参与者和社会治理主要保护的对象,从而极大地提高了社会管理的正当性。

四

民商法与人类文明也有着千丝万缕的联系。在社会文明的建造过程中,民商法对人类文明繁衍火种的守护、对人类文明物质基础的累积、对人类文明永续发展的追求,以及对人类文明道德品格的塑造同样发挥着其他法律无法替代的作用。

民商法守护了人类文明的繁衍火种。人是人类文明繁衍的唯一火种。而民商法,尤其是民法强调自然人本身才是人类文明存在的根本意义和最终归宿。因为基于人类群体的视角,社会只有在有人存在的世界才有意义。故而对自然人的守护便是人类文明的胜利,毕竟:树高千尺,其必有根;江河万里,其必有源。为了让人活得更像一个人,民商立法不断强化对人身自由和人格尊严的开放性保护,重视对人本身的隐私和个人信息的尊重,引入社会经济发展的利益相关者理论、社会责任理论、代际公平理论等,这一切的一切都是在奉行人类至上的信仰。

民商法繁荣了人类文明的物质基础。为了保障人类社会生活的极大丰富,民商法助推了全球经济数百年突飞猛进的发展,其对人类物质文明的繁荣主要表现在:其一,为全球性市场经济的建设配套了关键性制度,尤其是发明了独立于自然人之外的另一个社会主体——公司法人制度。在市场经济的环境中,当以公司为载体的资本财团嗅到价格机制所传导的利益气息之后,便会自发地投资谋利,而当这种利益预期为众多市场主体所感知和认同时,利益的发源地和集散地就会成为众多市场主体的掘金地,从而通过市场的力量形成高度竞争的场面。由此导致的结果是,创新性会随着竞争程度而不断攀升,商品的进化周期极速加快,新兴产业不断取得突破性发展。其二,民商法对产权制度的明晰和对私有产权神圣而不可侵犯的普遍认可,为人类文明的物质创造提供了源源不竭的追逐动力。其三,民商法的意思自治理念极大程度促进了人类的创新。创新本身是社会发展的灵魂,自由或自治的精神使得创新不断获得源泉的滋养。同时,由于创新劳动的过程极为不易,创新劳动取得的成果具有不可小觑的新颖性价值,故而民商法又通过法定垄断的制度对人类创新的劳动予以认可,以此形成社会创新的循环型闭环。因此,可以说民商法制度为人类物质文明的繁荣奠定了不可或缺的基础。

民商法是追求人类文明永续发展的引擎。对于人类文明的长久发展来说,民商法应该有特定的良心、格局和温度需要持之以恒地加以坚守、支撑和传递。基于此,越来越多的民商法规则不再将视野局限于对国内行为的规制,而是聚焦于与国际规则的衔接和协调;不仅关心解决眼前存在的问题和难题,更强调为人类文明的发展提供长远的前瞻性制度设计。我国《民法典》通过确立人与自然和谐发展的绿色原则,强调关注代际之间的平衡发展,鼓励人类生产行为坚持可持续发展理念,节约资源、保护生态环境。此外,其通过强调市场主体遵守商业道德,维护交易安全,承担社会责任,为市场主体的行为在营利性之外注入了更多的理性要求和社会责任担当意识。

民商法塑造了现代人类文明的基本道德品格。人类文明从来不乏共识,如毋庸置疑的是,文明是人类特有的,且文明与野蛮有着截然相反的价值取向和社会后果,但无论是同一国度不同时代的人类文明还是同一时代不同国度的人类文明,都存在一定的差异性。也恰恰正是这种差异性使得人类文明拥有了不同的内在道德品格。对不同文明的道德品格的差异性进行诠释需要依附于一定的载体,而法律制度无疑是最为合适的载体之一,因为法律制度具有抽象性、合理性、权威性与代表性。换言之,人类文明的道德品格能够通过法律制度获得彰显,也为法律制度所塑造。而在所有的法律制度中,最能代表和塑造人类文明品性的便是民商法,这不仅是因为民商法文化本身就是人类文明的重要组成部分,更是因为民商法所尊崇的人本主义精神和民本主义理念完全契合了现代文明的核心要求。不仅如此,民商法还与人类文明具有很强的互动相生关系,一方面,民商法通过不断吸收和凝聚现代文明基因使其更具科学性;另一方面,民商法通过对文明要求进行规范化的表达,不但可以将文明的基因发扬光大,而且可以借助其倡导性和强制性的要求,改变人的道德观念,形塑其行为。我国《民法典》规定对见义勇为行为施以经济补偿和责任豁免规则,有利于营造济危救困的良好道德风尚;规定继承人应当本着互谅互让、和睦团结的精神处理遗产分配的规则,有利于打造健康友爱的亲情关系;强调家庭应当树立优良家风,弘扬家庭美德,重视家庭文明建设的法律规则,有利于构建文明和谐的家庭氛围。实际上,一部以天下为公、民为邦本为追求,恪守公平正义、自由平等基本价值理念,崇尚讲信修睦、亲仁善邻的民法典尽管无法从根本上解决人类所面临的所有现实问题,但却可以为人类文明的延续和扩展打下一根固本强基的定海神针。

五

在人类已经遨游过的历史长河中,民商法曾给人类打造了一副坚固的翅膀,它帮助人类顺利地从混沌时代跨越到璀璨斑斓的现代社会。在未来进程中,人类仍需借助民商法的人本精神、恢弘理念和精巧制度,乘风破浪,顺利到达文明自由、和谐富裕的理想彼岸。因此,如何进一步构建以良善为魂、以科学为本的系统民商法律制度,并更加充分地发挥民商法律制度在人类文明提升和社会经济发展中的作用,是法学理论工作者义不容辞的神圣责任。在已经过去的四十余年中,西南政法大学民商法学科在金平教授、杨怀英教授、黄名述教授、李开国教授等众多前贤的带领下,肩负学术强国之使命,心系感念苍生之情怀,筚路蓝缕,艰苦创业,在百花争艳的民商法学术园地,创建了独具西政特色的学术流派。在继往开来的社会主义新时代,西南政法大学民商法学科一众同人有志赓续诸多前辈之优良传统,接续谱写西政学术的荣光。我们希望能够和全国民商法学界同人携起手来,将学术研究的涓涓小溪汇成磅礴巨流,载着中华民族伟大复兴的巨轮,共同驶向灿烂辉煌的明天!

是为序!

赵万一

2022 年 10 月 26 日于山城重庆

中文版序

本书的中文版能够顺利出版,我倍感荣幸,十分欣慰。

本书的主要目的是通过探究学说和判例的对立点,更好地理解物权法基本问题的解释论。物权特别是土地所有权制度,各国存在较大差异,中国采取土地公有制,与日本法存在显著的不同。但是,在本书主要涉及的不动产交易领域,因受普遍的市场经济原则的支配,中国的土地使用权交易和日本的土地所有权交易之间不存在根本性的差异,两国制度的比较可以互相为对方提供参考。

与合同法等领域相比,物权法领域的法律修改较少。实际上,自本书第 1 版至第 3 版刊行以来,物权法领域并未经历大幅度的法律修改,第 3 版发行后,日本以债权法的全面修改为契机,对民法进行了大幅修改,对本书讨论的课题造成了一定程度的影响。为了方便读者参照具体的法律条文,中文版将书中引用的法律条文修改为最新条文,并针对必要内容追加了补充说明。

承担本书翻译工作的于宪会君,在早稻田大学大学院法学研究科攻读博士学位期间,围绕日本民法展开了广泛研究,通过比较中日两国的法制完成了优秀的博士学位论文,并顺利取得了法学博士学位,基于其深厚扎实的知识基础,我对其承担本书的翻译工作表示全面的信赖!

期待本书内容为中国广大读者接受,能够为中国相关领域的学说发展作出贡献!

2022 年 3 月

镰田薰

第三版序

本书自初版刊行以来,已过去十五个年头。期间涌现出许多新的判例,学说也出现了新的动向,日本民法典也进行了现代语化的修改。在此之前,本书每次增印时,我都会进行最低限度的修改与补充,这次我从整体上进行了修改,对表达不明确的部分以及判例法理的新发展进行了补充修改。因涉及担保物权的部分需要全面改写的部分较多,不得不全面修改初版以来的结构体系。近些年的课程设置一般将物权法和担保物权法作为不同的讲授科目,为了方便学生学习,我决定在原来涉及物权关系的论文基础上追加四编内容作为《物权法Ⅰ》(第3版),并另外将担保物权的相关论文汇总出版。

对于本书第二版到第三版的修订工作,舟桥秀明(时任札幌大学准教授)及柴原宏昭(时任早稻田大学助手)提出了很多宝贵的意见以及改正建议。借此机会,向两位表示感谢!

2007年10月

镰田薰

序

我刚开始从事民法研究时,恩师篠塚昭次教授曾谆谆教导我说:“看起来像一时兴起的简短文章,实则是深思熟虑之后得出的结论,切勿轻易批判。”直至今日,我依然牢记恩师的教诲。法律的解释是对法律条文的含义、制度沿革、逻辑的一贯性、体系的整合性、具体结论的正当性等进行深入严谨的讨论,如果通过简明扼要的表述能使任何人理解并很容易地记忆讨论之后得出的命题,那么是非常难能可贵的。民法解释论相关的讲义及教科书的主要目的在于描绘民法学的宏伟蓝图,必然十分重视通过解释得出的结论,而不能深入分析结论推导的详细过程。但是,欲更好地理解并得心应手地驾驭所学的法律知识,使不能轻易地将判例和学说上推导出的结论当作不证自明的前提,应将准确地理解上述解释论的推导过程,探究其意义及局限性作为最重要的课题。为此,除了通过讲义及教材理解整个民法体系外,还应认真阅读立法资料、判例及相关的学术论文,体验解释论的整个过程。

但是,这项工作非常困难并且需要花费很长时间,无法涉及所有的问题点。为了更有效地完成这项工作,许多凝聚了学者心血的专题研究类书籍及解说类书籍相继出版,并逐渐往短小精悍的方向发展。对于这种现象,因学术成果过于省事且非严谨而受到诟病,虽然我能够对此表示理解,但我认为,大学教师的职责在于向学生传道授业,考虑到我国的法学教育并不以培养法曹为唯一目的,因此以学生容易理解的方式整理自己的观点并向学生传授显得尤为重要。从我自己的经历来说,我从接触末弘严太郎博士的巨著《民法杂谈》[1]开始,通过研读我妻荣的《民法入门》,[2]几代通、铃木禄弥、广中俊雄合著的《民法基础知识(1)》,[3]篠塚昭次的《论争民法学1》,[4]水本浩的《民法研讨》,[5]加藤一郎的《民法笔记》,[6]几代通的《民法研究笔记》[7]等面向学生的法律专业书籍,深刻感受到学问的魅力,激发了我的学习欲望,现在我依然能够从这些著作中获得莫大的激励及启发。

本书收录的论文大部分都发表在面向学生的专题研究类书籍及杂志上。[8]本来并不是为了结集出版才写作这些论文的,因为写作的时期和写作计划各不相同,所以将这些论文收录于本书时,对所有的论文进行了修改,甚至对部分论文进行了大幅修改,但是即便如此,论文的体裁、表述以及参考文献的引用格式、方法都未能统一,难免会存在重复。[9]但是,从整体上来看,本书并没有简单地对解释论的结论进行分类梳理,而是将为什么会出现这个问题以及为什么学说观点会出现

---

〔1〕 末弘厳太郎『民法雑記帳』(日本評論社,1953年)。
〔2〕 我妻栄『民法案内』(一粒社,1967年)。
〔3〕 幾代通＝鈴木禄弥＝広中俊雄『民法の基礎知識(1)』(有斐閣,1964年)。
〔4〕 篠塚昭次『論争民法学1』(成文堂,1970年)。
〔5〕 水本浩『民法セミナー』(一粒社,1979年)。
〔6〕 加藤一郎『民法ノート』(有斐閣,1984年)。
〔7〕 幾代通『民法研究ノート』(有斐閣,1986年)。
〔8〕 参见书末“最初发表出处一览”。
〔9〕 对未能详细列举相关参考文献及充分介绍论文发表后的学术动向,深表歉意。

对立作为最重要的课题；为了有助于初学者的学习，本书不仅对判例和学说的观点进行了正确地介绍，而且阐释说明所依据的理论框架也是以判例及通说观点为基础，避免刻意引导学生向我自己的观点倾斜，[10]本书也没有盲从判例及通说观点，而是努力明确其问题所在，提出新的解释路径。在这个过程中，本书特别注重梳理因混淆实质的价值判断的对立和理论构造的差异导致的学说讨论的混乱状况，以期明确两者的对应关系。在这一点上，本书总算能够保持统一性，虽然达不到前面提到的著作之水准，但我依然相信本书在学说史上的存在意义。

法律学者的本分在于写作一本堪称毕生事业的学术专著以及具有自己特色的教科书。受前辈们的照顾，我有幸从年轻开始就有机会出版专著及教材，但总是因为不能遵守约定而错过出版日期，经过这么长的时间才将本书付梓，难免有些“违背信义”，也有诸多犹豫。过去我一直认为应当首先与学生之间保持“紧张关系”，今年三月大女儿接受骨髓移植手术时，受池田真朗、浦川道太郎、内田胜一、近江幸治等教授温情关照，来自早稻田大学和庆应义塾大学等将近200名学生提出献血申请并给予其他帮助。为了表示对学生的感激，我将单独执笔的首部著作献给我的学生。

写作本书的过程中，承蒙各位前辈及同事温暖的指导与帮助，请容许我不一一列举他们的姓名。收录至本书的论文中，从《分析与展开·民法Ⅰ》[11]转载的四处(第3版为一处)内容，与山田卓生、野村丰弘、圆谷峻、新美育文、冈孝等教授进行了讨论，对四位教授提出的宝贵意见以及同意我将其转载收录于本书，表示感谢！本书从策划至完成经

〔10〕 本书尤其关注自己观点与通说、判例观点存在较大分歧的物权变动理论。

〔11〕 山田卓生等『民法:分析と展開1』(弘文堂,1992年)(第2版增補,2000年;第3版,2004年)。

过了相当长的时日,本书的出版离不开日本评论社编辑部的加藤善雄编辑对我的关照。可以说,如果没有加藤编辑富有耐心的工作,本书将永无可能面世。借此机会向加藤编辑表示深深的感谢!

1992年7月

镰田薰

目　次

CHAPTER 01 >>

第一章

基于意思表示的物权变动

第一节 绪 论

一般的教科书会在民法总则部分讲述“私权变动”的基本原则。物权系“私权”的一种,原则上这些基本原则也适用于物权。那么,为什么还要另外讲述“物权变动”呢?原因在于,物权系具有绝对性和排他性的权利,如果不就谁享有何种内容的物权进行公示,将会给第三人造成无法预测的损害。[1]

如果要完全实现准确公示现在的物权关系保障交易安全的理念:(1)物权发生变动的,应及时准确地公示(否定未经公示的物权变动的效力);(2)为提高对公示的信赖程度,只要存在公示,必须存在相应的物权变动关系(避免不存在物权变动而完成公示的情况);(3)当出现不符合实体权利关系的公示时,应当为信赖不符合实体权利关系的公示为真实公示的第

〔1〕 所以我们很容易联想到,民法上不存在与“物权变动”相对应的“债权变动”概念。

三人提供恰当的保护。

物权变动的理论之首要课题是,结合与其他各种制度的关系,讨论上述理念能够在何种程度上得到贯彻,为实现上述理念应当如何构建物权变动体系,适用现在的物权变动体系时应如何展开合理的解释论等。就我国(指日本,下同)民法的解释论而言,不能将规定基于意思表示的物权变动的第176条相关讨论、关于登记效力的第177条相关讨论、第94条第2款的类推适用等相关讨论割裂,应当认为它们相互关联共同构成完整的物权变动理论体系。[2]

为了更好地理解这种关系并准确把握我国解释论争议出现的背景,有必要就影响我国立法及学说的德国法和法国法分别采取了怎样的物权变动体系进行考察。

第二节　两种立法模式

物权变动存在多种形态和原因,其中既包括像继承概括继受那样,无须为满足公示要求过度修正物权变动一般原则的情况,也包括很难适用物权变动一般原则的情况。下文将以最典型的物权变动形态——公示要求较高的、基于法律行为的物权变动为例,[3]比较德法两国的不动产物权变动体系。

关于德法两国的不动产物权变动制度,教科书已经进行了详细的

〔2〕 对此,星野教授与本书持不同观点,星野英一「日本民法の不動産物権変動制度」星野英一『民法論集(第六巻)』(有斐閣,1986年)87頁以下参照。

〔3〕 日本民法第176条规定,物权变动仅依当事人的意思表示发生效力。

说明，可如表 1－1 所示就其主要内容作简要总结。[4]

表 1－1　德国法和法国法的物权变动制度

要点	德国法	法国法
是否承认物权行为	肯定物权行为的独立性	否定物权行为的独立性
有因性或无因性	无因性	不存在这个问题
物权变动的生效要件	物权合意＋登记	契约
是否需要法定形式	形式主义	意思主义
物权变动的时期	物权合意＋登记完成时	原则上为契约成立时
登记的意义	物权变动的成立要件	原因行为的对抗要件
登记的公信力	肯定	否定

如果从怎样实现前文的（1）～（3）理念的角度分析，就理念（1）而言，德国法认为，至少对于基于法律行为的物权变动，未经登记不发生变动的效力（"形式主义"），因此德国法上不存在未经登记的物权变动，而法国法则认为，物权变动仅依意思表示发生效力（"意思主义"），所以法国法上会出现未完成公示的物权变动。[5]

就理念（2）而言，因为德国法以物权行为的独立性和无因性为原则，所以既然已经移转登记，登记名义人原则上属于真实的权利人。而法国法上，物权依买卖合同及其他原因行为的效果发生变动，因此即使完成登记，原因行为无效的，物权变动也不会发生效力，[6]登记也因不符合实体权利关系而无效。在这一点上，德国法完全实现了理念（2），

〔4〕 制度实际运用时的大幅修正可参见鎌田薫「不動産物権変動の理論と登記手続の実務——日本的『フランス法主義』の特質」法務総合研究所編『不動産登記をめぐる今日的課題』（日本加除出版，1987 年）57 頁以下及文中的参考文献。

〔5〕 此时未经登记不能对抗的第三人仅限于二重受让人以及类似二重受让人的第三人，所以即便物权取得者未办理登记，也能够对侵权行为人或其他一定范围内的第三人主张物权。

〔6〕 因法国法不承认物权行为的独立性，所以不存在有因或无因的问题。

法国法则未充分满足理念(2)的要求。

就理念(3)而言,德国法承认登记的公信力,法国法不承认登记的公信力。从整体而言,德国法更符合公示的要求。

但是,对于理念(1)和(2)而言,存在如下疑问:认为未经登记不得对任何人主张物权,是否总能得出恰当的结论;债权行为无效或被撤销的,贯彻物权行为无因性,意味着明知无效或被撤销的事实而从登记名义人受让取得不动产的恶意第三人获得法律的保护,这是否意味着强制牺牲表意人的利益。

这些属于立法政策选择的问题,但就我国民法展开解释时,一种解释论重视登记的预防纠纷功能,重视理念(1)和(2),采取形式上统一处理的原则(采用接近德国法的解释路径);另一种解释论重视登记的解决纠纷功能,广泛肯定未经登记的物权变动效力,从而实现当事人之间的公平。两种解释论的基本态度出现差异。

下文将在关注以上视角的同时,主要从不动产所有权变动的角度,就"仅依意思表示的物权变动"的各种问题展开讨论。

第三节　"意思主义"模式的问题

一、物权行为的独立性

就整体而言,日本民法同时继受了德国法和法国法,关于物权变动体系,日本法究竟采取了哪一种立法模式呢?

从民法第176条及第178条的文义来看,日本民法采用了法国法模式的"意思主义"和"对抗要件主义",而没有采用德国法模式的"形式主义"和"登记(交付)生效要件主义"。

但是,这仅意味着对于前文表1-1中第三、第四两点,日本民法采用了与法国法相同的原则；而对于其他几点，尚无定论。申言之，民法第 176 条规定的“意思表示”既可以被解释为买卖合同或其他原因行为[7]成立的意思表示（“物权行为独立性否定说”），也可以被解释为区别于债权行为的物权行为的意思表示（“物权行为独立性肯定说”）。若采用物权行为独立性肯定说，对于债权行为和物权行为的关系，既可以解释为债权行为无效导致物权行为无效（“有因性”），也可以解释为债权行为的无效和撤销不影响物权行为的效力（“无因性”）。

判例从民法制定之初开始就一贯坚持否定物权行为独立性的立场，对于其他几点，也采用与法国法相同的解释。

对此，早期的学说观点深受德国法的影响，效仿德国法肯定物权行为独立性和无因性的学说观点取得了压倒性的优势地位。[8]

之后，末弘博士指出，“实际上，如果不以公示作为物权变动的生效要件，几乎没有必要承认特别的物权行为”，物权行为独立性肯定说系“错误地将我国民法解读为德国法模式”的产物，当事人为了最终实现物权变动而实施法律行为的，只要不存在相反的意思表示，就应当认为当事人之间存在仅依该法律行为发生物权变动的意思。[9] 这种观点摆脱了过去概念法学的束缚，展开了具有实际意义且更贴近现实的讨论，另外或许是因为这种观点还比较契合判例的一贯立场，迅速获得了学界的支持，物权行为独立性否定说再次夺回通说的地位，现在依然是通说。[10]

---

〔7〕 最终能够引起物权变动但直接产生债权债务关系的行为。

〔8〕 但是，采用形式主义将与民法第 176 条的规定抵触，所以认为支付对价、登记、交付等外部表征行为背后的物权合意致物权发生变动。

〔9〕 末弘厳太郎『物権法（上巻）』（一粒社，1960 年）85 頁以下。

〔10〕 关于学说的发展及参考文献，参见山本進一「176 条」舟橋諄一 = 徳本鎮編集『新版注釈民法（6）』（有斐閣，1997 年）215 頁以下、鎌田薫「意思表示による物権変動」石田喜久夫編『判例と学説・民法 I』（日本評論社，1977 年）172 頁以下、滝沢聿代『物権変動の理論』（有斐閣，1987 年）、滝沢聿代「物権変動の時期」星野英一編集代表『民法講座 2』（有斐閣，1984 年）31 頁以下等。

关于物权行为独立性、无因性的争议焦点主要在于:①哪一种解释更忠实于民法第176条及其沿革;②哪一种解释更具有体系整合性;③哪一种解释更符合交易惯例及一般的法律意识;④哪一种解释更能有效地保障交易安全(见表1-2)。

表1-2 物权行为独立性否定说与物权行为独立性、无因性肯定说的区别

物权行为独立性否定说	物权行为独立性、无因性肯定说
民法第176条起源于法国	我国民法效仿德国法采用了物权债权严格区分的构造
若肯定无因性则将埋没无效、撤销制度的目的	若否定无因性则无法说明非债清偿、不法原因给付
不存在支付对价、登记、交付时另外达成合意的法律意识	不存在契约成立的同时发生物权变动的交易惯例和法律意识
因不采用形式主义,所以肯定物权行为不存在实际意义	物权变动只有经过公示才能保障交易安全

关于争议焦点①,毫无疑问,民法第176条继受了法国法,但同时不能忽略日本民法典采用了物债二分的潘德克吞体系,引入德国法上的许多制度所带来的影响,[11]因此无法断定哪一种解释更忠实于民法第176条及其沿革。

从理论的角度说,争议焦点②具有最重要的意义。物权行为独立性和无因性肯定说提出如下观点:民法规定了他人之物的买卖和种类物的买卖,但是这些规定是以买卖合同仅能发生所有权移转债务为前提的。如果仅依买卖合同的效果发生所有权的变动,应该像法国民法典那样,认定他人之物的买卖合同无效;如果仅依买卖合同发生所有权变动的效力,买受人不支付对价也能取得所有权,这将使同时履行抗辩

〔11〕 法国法讨论引起物权变动的"合同"及其他原因行为的对抗问题,而日本法则讨论"物权变动"的对抗问题。

权的规定变得毫无意义。民法之所以规定非债清偿和不法原因给付，是因为民法承认即使债权合同无效或不存在，只要存在物权行为，就可以发生物权变动的效力。〔12〕

对此，物权行为独立性否定说认为，如果肯定物权行为的独立性和无因性，即使买卖合同被撤销，也只能行使不当得利返还请求权要求对方返还原物，若对方将标的物转卖给第三人，撤销权人和第三人变为与二重受让人相同的关系，第三人首先具备对抗要件的，即使第三人系恶意，撤销权人也无法回复标的物的所有权，这显然违反了民法第 96 条第 3 款的目的。关于同时履行抗辩权和不当得利的问题，物权行为独立性否定说提出反驳认为，移转登记或占有与支付对价处于同时履行的关系，占有或登记本身也可以解释为“获利”。可见，不管哪一种解释，都不具有绝对的说服力，但应明确的一点是，采取不同的解释路径，对民法上各种制度的法律关系的说明也会截然不同。

如上所述，就争议焦点①②而言，不管哪一种解释都不具有绝对的说服力，于是末弘博士对这种讨论的必要性和实际意义提出了质疑，并且末弘博士的观点得到了广泛的支持。但是，末川博士却认为，是否承认物权行为独立性的讨论有助于确定物权变动的时期，对此，“没有必要去讨论德国民法式的物权契约和法国法式的债权效力理论”，“只需要重新审视我国一直以来的实践”。于是，末川博士重新从新的角度提出了物权行为独立性的主张，主张支付对价时、完成登记时、标的物交付时所有权发生变动。〔13〕 末川博士的观点提出以后，作为争议焦点③的一环，“物权变动的时期”，尤其是特定物买卖合同中所有权变动的时

〔12〕 如果否定物权行为的独立性和无因性，债权行为无效或不存在的，物权变动不发生效力，仅发生占有或登记移转的效果，但占有和登记均不构成“获利”，不成立不当得利返还请求权，只能成立物权返还请求权。

〔13〕 末川博「特定物売買における所有権移転の時期」末川博『占有と所有』（法律文化社，1962 年）206 頁以下。

期成为学界讨论的核心课题。

二、物权变动的时期

对于如何评价涉及物权变动时期的判例,学界存在争议。[14] 至少从抽象角度而言,从民法制定前开始,判例便一贯坚持如下立场:(1)当事人缔结买卖合同或实施最终能够导致物权变动的法律行为时,原则上自合同成立或法律行为作出时物权变动发生效力;(2)直接发生物权变动效力存在障碍的,[15] 自该障碍消除时物权变动发生效力;[16] (3)任何情况下,只要当事人就物权变动的时期达成特别约定,原则上应按照当事人的约定。

如上文(一)所述,学界最初是在争议是否应肯定物权行为独立性的过程中讨论这一问题的。[17]

物权行为独立性肯定说提出如下观点:(1)诸如特定物买卖合同,一般认为实施外部表征的行为时所有权发生变动,这符合实践中的交易。(2)外部表征行为一般体现为:①支付对价;[18] ②申请不动产登记或提交登记有关的必要材料;③交付动产或不动产。(3)因为出卖人和买受人通过相互协作(意思表示)完成所有权的移转,所以外部表征行为系物权合同。但是,此处的物权合同不同于德国法上的物权合同,它并非与登记、交付融为一体而成立,而是独立于这些行为的合同。

对此,物权行为独立性否定说提出了与上述判例相同的观点,认为只要不存在特殊情况,原则上买卖合同或其他原因行为成立时物权发

---

〔14〕 吉原節夫「特定物売買における所有権移転の時期」民商法雑誌8巻6号(1963年)3頁以下等文献对于理解何为“判例”具有重要意义。

〔15〕 例如,不特定物买卖、他人物买卖、将来物买卖等。

〔16〕 不特定物特定之时、他人之物的买卖合同中取得他人之物所有权时或标的物现存时。

〔17〕 所有的观点都一致认为,当事人就物权变动时期达成约定的,应依其约定,问题仅限于当事人意思不明确的情况。

〔18〕 正因为出卖人受领金钱债权才移转了标的物的所有权。

生变动。[19]

之后,川岛博士受末川博士观点的启发,认为就有偿合同而言,最重要的是维系对待给付之间的相互牵连性(同时履行关系),所以在买卖合同中,原则上支付对价前,所有权不发生变动,[20]对价的支付、标的物的交付、登记仅是债务履行的事实行为,没有必要认为这些行为作出时存在独立的意思表示(物权行为),[21][22]川岛提出的解释论迅速成为学界的有力观点。一般而言,法律行为的成立时间与效力发生时间是不同的,[23]没有必要将物权变动的时间固定在法律行为(债权行为或物权行为)作出时。物权变动时期的问题开始从是否肯定物权行为独立性的论争中脱离,作为独立的问题成为学界讨论的对象。

于是,学界就物权变动时期的讨论之实际意义,展开了更详细的讨论。一方面,有学者进一步发展了川岛提出的以"有偿性原则"为前提的观点,提出了"信用授予形态说"的观点,即当出卖人尚未受领价金而完成交付或登记的,只要出卖人未授予买受人完全的信用,则所有权不会移转至买受人[24];另一方面,也有学者认为,讨论买卖合同进展的各个时间节点所有权归属于出卖人还是买受人,没有任何实际意义,从理论上来说也是不可行的,即提出了所谓的"无须确定物权变动时期"的观点。[25]

"无须确定物权变动时期"观点的大致内容可归纳如下:

应根据买卖合同的内容以及合同法的规定处理买卖合同双方当事

〔19〕 但这种观点说理不充分,仅依据法国法上存在明文规定,便将其作为日本法的解释论,缺乏充分论证,最直截了当的说明是,因满足合同成立物权发生变动的要件,所以物权变动发生了效力。

〔20〕 完成动产交付或不动产登记的,即使未支付对价,所有权也发生变动。

〔21〕 也就是说,川岛博士否定物权行为的独立性,认为对价支付、交付、登记完成时物权发生变动。

〔22〕 川島武宜『所有権法の理論』(岩波書店,1948 年)248 頁等。

〔23〕 存在像附始期或附条件的法律行为等各种具体情况。

〔24〕 遠藤浩ほか编『有斐閣双書·民法 2 物権(第四版増補)』(有斐閣,2003 年)49 頁以下(原島重義執筆)。

〔25〕 代表性观点参见鈴木禄弥『物権法の研究』(有斐閣,1976 年)109 頁以下。

人的关系。对于买受人与出卖人的债权人之间的关系,买受人是否具备对抗要件是关键,而买受人是否成为所有权人并不重要。对于出卖人与买受人的债权人之间的关系,因为标的物的特定债权人可以代位行使买受人的登记请求权,所以没有必要确定所有权的归属,而出卖人与买受人的一般债权人之间的关系可依对抗要件解决。对于与没有就标的物达成交易关系的第三人之间的关系,涉及妨害排除的,则判断是否满足妨害排除的要件;如果涉及损害赔偿请求,则只需要承认债权侵害的侵权行为即可;如果涉及土地工作物责任,则由土地的登记名义人负担该责任。如果执意就所有权的变动状态进行说明,则认为所有权系在合同缔结、对价支付、交付、登记等的过程中逐渐地由出卖人移转至买受人。另外,对于合同关系进展过程中提出的所有权确认请求,因缺乏确认的利益,故不管是出卖人还是买受人都不能提出请求。

“无须确定物权变动时期”的观点招致了学界的批判:首先,有学者认为,如果不确定物权变动的时期,部分问题将无法得到解决;〔26〕其次,有学者就该观点采用的功能主义、实际意义导向的研究方法提出了批判。〔27〕

三、总结

如上所述,我国民法采用的物权变动体系具有其他国家所不存在的复杂问题。可以通过图1－1表示不同学说观点的相互关系。讨论变得错综复杂的根本原因之一在于,我国民法采用的意思主义无法充分满足公示原则的要求,因此,多数学说倾向于采用更简明且逻辑更清晰的德国法理论。

---

〔26〕 広中俊雄『物権法(第二版増補)』(青林書院,1987年)52頁以下等。

〔27〕 石田喜久夫『物権変動論』(有斐閣,1979年)128頁以下、滝沢聿代「物権変動の時期」星野英一編集代表『民法講座2』(有斐閣,1984年)。

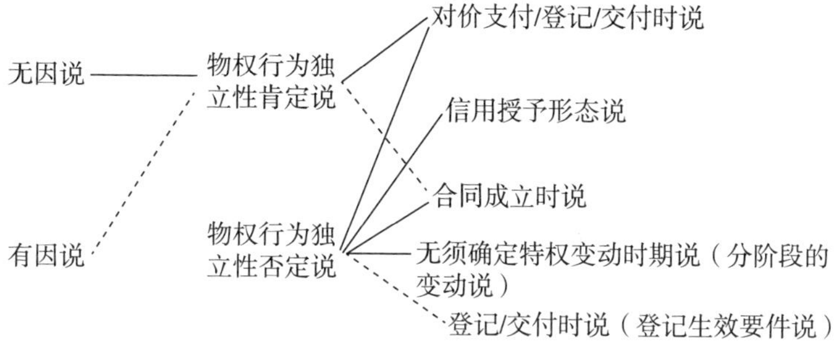

图1-1 学说观点的相互关系

但是,仅从公示原则的要求出发评价意思主义的意义并不恰当。意思主义首先是意思自治原则与所有权的私权属性在物权变动层面的根本贯彻,其历史与思想意义应获得高度评价。[28] 与此同时,在解决实践中的具体问题时,意思主义能够根据具体的利益状况推导出灵活的解决方案。正因为仅依意思表示发生物权变动,所以未办理登记的物权取得人才能向不法占有人主张权利,而且通过背信恶意人排除理论,也能够对虽未办理登记但实际上正常生活或开展经营活动的权利人提供保护,避免他们成为投机交易的牺牲品。而且,对于上文提及的物权行为独立性、无因性以及物权变动时期的问题,所有的观点都认为当事人具有明确的意思表示的,应依照当事人的意思表示。所以在采用意思主义的法律制度模式下,所有的问题都可以被看作当事人意思表示的解释问题,从而得到合理的解决。

围绕物权变动时期的争论最终变为应如何确定当事人的合理意思的争论。那么,当事人未达成特别约定时,应如何确定当事人之间的合理意思呢?

---

〔28〕 在近代市民法原理的支配下,即使采用形式主义,依买卖合同物权变动发生效力的依据也依然是“当事人的意思”。此外,意思主义原则系直接强制履行交付债务的间接依据,具有强化合同拘束力的功能。

重视有偿性原则的“信用授予形态说”的观点认为,近代社会中市民的合理意思系维持等价关系,该基本观点是妥当的。但是,如果采用此种观点,不仅在所有权保留买卖中必须严格贯彻所有权的理论构成,而且在当事人未达成特别约定的案件中,经常会出现买受人虽然已经办理登记或受领交付但不能取得所有权的状况。这将使权利关系变得不明确、不稳定。另外,民法规定即便没有支付对价所有权也能够变动至买受人,为保全价金债权,出卖人可以行使留置权或先取特权,“信用授予形态说”的观点与这种民法的基本态度之间存在矛盾。而且,如果根据标的物的交付或登记时的当事人意思确定所有权的变动时间,则会产生完成交付时成立物权行为的疑问。因此,虽然已经交付了标的物或办理了登记但所有权未发生变动,仅限于从缔结合同至完成登记和交付的一连串过程中发生了所有权未变动的特殊情况。由是观之,“信用授予形态说”与“对价支付/登记/交付时说”的观点几乎不存在差异。

另一方面,判例和通说采用的“合同成立时说”的观点招致了学界的强烈批判,判断其是否合理,前提问题是确定合同的成立时间。法国法上,至少关于不动产买卖合同,一般仅通过口头或书面形式的合意尚不足以证明合同的成立,只有在作出相应公证〔29〕时买卖合同才宣告成立,所有权才发生变动。〔30〕 鉴于在我国的司法实务中,不动产买卖合同的成立时间相当靠后,〔31〕有必要结合风险负担、损害保险合同中权利变动时期等问题,就上述观点在解决实践中的问题时会出现何种程度的

〔29〕 此时支付对价,开始申请登记。

〔30〕 详细参见鎌田薫「フランスにおける不動産取引と公証人の役割」早稲田法学56巻1号(1980年)31頁以下・2号(1981年)1頁以下、横山美夏「不動産売買契約の『成立』と所有権の移転」早稲田法学65巻2号(1990年)1頁以下・3号(1990年)85頁以下。

〔31〕 河上正二「『契約の成立』をめぐって」判例タイムズ655号(1988年)11頁以下・657号(1988年)14頁以下など参照。

差别，重新展开讨论。[32] 经过重新讨论，物权自合同成立时发生变动的观点所蕴含的大部分弊端将得以消除，与“对价支付/交付/登记时说”之间的差异也会变得相对化。因此，以物权自合同成立时发生变动这一观点为基础，必要时运用默示的特别约定之认定及其他法解释技术，吸收“对价支付/登记/交付时说”的观点，是最简明且合理的解释论。

物权行为无因性的观点在德国也受到了强烈批判，没有必要一定采用无因性理论。而且，我国民法并没有采取形式主义的物权变动模式，即使否定物权行为的独立性也不妨碍承认法律行为的成立时期与物权变动时期存在龃龉，因此也没有必要承认物权行为的独立性。

〔32〕 德国法上，实际上买卖合同与物权行为系在公证人面前同时进行的，相比于制度层面的较大差异，实务层面的差异较小。七戸克彦「ドイツ民法における不動産譲渡契約の要式性」法学研究 62 巻 12 号（1989 年）311 頁注（99）对本文最初发表时的上述论述进行批判，认为这不是“实务层面”的问题，而是“制度层面”的问题。此外，也有学者从公证人参与的角度强调德法两国法律制度的共性，但笔者在本文发表之前，在鎌田薫「不動産物権変動の理論と登記手続の実務—日本的『フランス法主義』の特質」法務総合研究所編『不動産登記をめぐる今日的課題—不動産登記制度 100 周年記念論文集』（日本加除出版，1987 年）注（8）就已经指出，欲明确日本法上的问题点，必须强调两国法律制度在理论构造上的差异。

CHAPTER 02 >>

第二章

“对抗要件主义”的基本问题(1)

——对抗问题与公信问题的区分

第一节　“不得对抗”的意义

1. 民法第 177 条规定:“不动产物权的得丧变更非依不动产登记法及其他相关登记的法律完成登记,不得对抗第三人。”“不得对抗”的表达存在于第 94 条第 2 款、第 96 条第 3 款、第 352 条、第 467 条等民法各条文中,*其通常是指虽然不能否定一定的法律事实及法律效果的发生,〔1〕但不能向第三人积极主张该法律事实及法律效果。〔2〕 民法第 177 条也是在这种意义上使用该表述的。

诸如图 2-1 的设例,就 A 所有的甲土地,A、B 缔结了地上权的设定合同,B 的地上权成立但尚未完成登记,不知情的 C 购买 A 的甲土地并开始了占有,在

---

* 中文版删除了原文“第 466 条第 2 款”。——译者注

〔1〕 从这一点来说,不同于无效和不存在。

〔2〕 可以在当事人之间主张,第三人也可以承认或援用。

这种情况下,B 虽然取得了地上权,但因为尚未完成登记,不能向第三人 C 主张地上权的取得,也不能根据地上权请求 C 交出土地。[3] 所以,从与 C 的关系上来说,B 相当于没有取得地上权,C 取得了不存在地上权负担的所有权。这样就可以避免因存在未经公示的物权变动而使第三人遭受无法预测损害的风险。

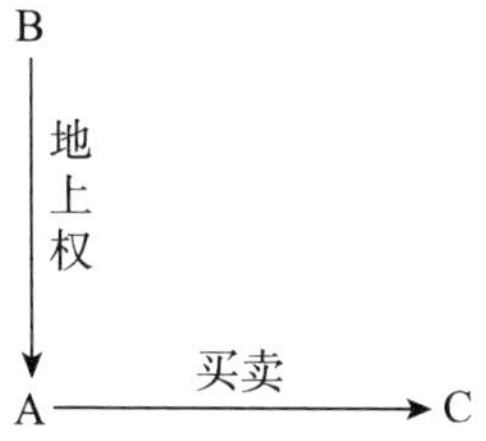

图 2－1

2. 但是,此种情况,B 仅依 A、B 间的合意便能够有效地取得地上权(民法第 176 条),如果不能基于该地上权对抗 C,就会产生这与物权系对任何人可以主张的绝对排他性权利这一大前提相矛盾的疑问。为此,学界就“未公示的物权之本质”以及“对抗的意义”等问题展开了令人费解的讨论。但是,简言之,在不具备登记的情况下,不能仅依“物权发生变动”的事实对抗第三人,这并没有否定“物权”具有对抗效力的事实。[4] 就上述设例而言,B 请求 C 交出甲土地的依据是物权返还请求权,但为了肯定物权返还请求权,B 必须证明自己已经取得地上权,而因为 B 未完成登记,不能向 C 主张自己已经通过与 A 之间的地上权设定合同取得了地上权,所以只是否定了基于地上权的物权返还请求权的成立,并不意味着 B 取得的地上权变成不具有任何对抗效力的特殊地上权。尽管如此,B 依然可以向 C 以外的第三人,比如不法占有人,主张地上权,从客观上

〔3〕 但是如果 C 不介意 B 未完成地上权的登记,则应肯定 B 提出的交出土地的请求。

〔4〕 在适用第 94 条第 2 款或第 96 条第 3 款时,不能以通谋的虚伪意思表示无效或基于欺诈的撤销效果对抗善意第三人,此时也面临同样的状况,不能因此表意人的所有权变成排他性及绝对性受到制约的特殊所有权。

来说,B只取得了相对性的物权,如何从理论上对此进行条理清楚的说明,较为困难。但是,问题并不是如何逻辑自洽地说明该不规则的权利状态,而是为什么必须采取这种不规则的处理模式。[5]

在上述设例中,若地上权人B已开始占有甲土地,C基于所有权请求B交出甲土地的,应如何处理呢?如果A、C间的所有权变动已经完成登记,C可以依甲土地的所有权对抗B,C有权请求B交出土地。而如果未完成登记,C不能依所有权对抗B,无权基于所有权请求B交出土地。所以B、C双方均未完成登记的,B无权请求C交出土地,C也无权请求B交出土地。[6]

3. 如果形象地描述这种关系,登记则好比"西装"。B或C取得物权而未完成登记的,相当于"赤身裸体",虽然可以出现在亲近的人(当事人)面前,但不能出现在其他人(第三人)面前,但是如果穿上登记这层"西装",就可以出现在其他人面前。可见,民法第177条最重要的作用在于,通过规定物权变动未经登记不得对抗第三人,为相信不存在未经登记的物权变动的第三人提供保护。

第二节　对抗问题与公信问题的区分

登记犹如物权变动能够出现于他人面前而身着的西装,这意味着登记使有效成立的物权变动具有了能够对抗第三人的效力(而非权利创设)。不存在物权变动而完成登记的情况犹如西装悬挂于衣架,西装不能单独出现在他人面前而像人类那样活动,也不能说西装使人获得

[5] 对此,可参见本书第四章"'二重让与'的法律构造"的内容。

[6] 但是,少数学者认为,双方均未完成登记的,先取得物权者优先。对此,参见滝沢聿代『物権変動の理論』(有斐閣,1987年)283頁以下。

生命,所以不能仅以完成登记为由,主张取得物权或物权请求权。

如图2-2设例,X新建乙房屋,原始取得所有权并居住于此,尚未完成所有权保存登记时,Y擅自完成了自己名义的登记,要求X交出房屋。此种情况,Y要求X交出房屋的依据只能是物权返还请求权,物权返还请求权的权利主体只能是丧失占有的物权主体,所以未实际取得物权的Y无权要求X交出房屋。如果Z误认虚假登记名义人Y系乙房屋的真实所有权人,从Y处购买乙房屋并完成了所有权变更登记,要求X交出乙房屋的,因为Y系不享有任何权利的主体,Y、Z间不可能发生所有权的变动,所以同样无法承认Z享有物权请求权。此等情况,虽然具备登记,但因为不存在以登记对抗的物权变动,所以Y、Z不能援用民法第177条证明自己权利的正当性。

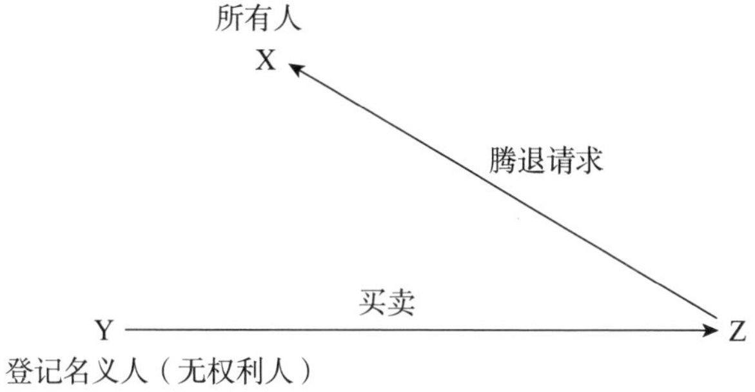

图2-2

既然Y、Z完成登记也无法主张物权,那么X基于所有权要求Y或Z抹除无效登记时,Y或Z也不能以X未完成登记为由提出抗辩(不能提出“登记欠缺”的主张)。不能为Y提供借口以逃避违法行为的责任而适用民法第177条,而且若不抹除无效登记并放任无效登记的存在,也将显著增加第三人遭受不可预测损害的风险。依现行登记法的规定,当存在Y或Z名义的登记时,无法办理与此相冲突的X名义的登记,所以如果X在不具备登记条件时,否定其可以行使物权妨害排除请求权请求 Y 或 Z 抹除虚假、无效登记,便无法完成 X 名义的登记。因此,判例和通说一致认为,“实质上的无权利主体及其继受人不属于享有主张登记欠缺正当利益的第三人”,不属于民法第 177 条规定的“第三人”。

因此,真正的所有权人与完全不享有任何权利的人之间产生争议的,不享有任何权利的人即使完成登记,也无法取得任何权利,更不能以此“对抗”真正的权利人,而真正的权利人即使未完成登记,也可以基于所有权“对抗”不享有任何权利的人及其继受人。

在第一节提到的 B、C 之间产生争议的案件中,所讨论的是有效成立的物权变动能够对抗第三人的登记效力(对抗力)问题。而在上述 X 与 Y、Z 发生争议的案件中,因为 Y 和 Z 均未取得所有权(不享有能够对抗他人的权利),X 未完成登记也能够基于所有权对抗 Y、Z,所以不存在登记的“对抗力”问题。此种情况,欲保护误认虚假登记为真实登记的 Z 的利益,就必须承认登记的特殊效力(登记的“公信力”),即误认虚假登记为真实登记而进入交易关系的第三人取得相应的权利。但是,判例和通说认为民法第 177 条并没有承认登记具有“公信力”。〔7〕〔8〕

---

〔7〕 一般而言,“对抗力”是为了保护“不存在未经登记的物权变动”这种消极信赖,而“公信力”是为了保护“完成登记的物权变动实际上存在”这种积极信赖。这种对比似乎只具有现象层面的意义,但是在考虑实际问题时,有必要注意如下不同:欲从登记名义人处买入不动产的人,可以以登记簿的记载为线索,向登记名义人的前一任所有权人证实登记名义人是否真正取得了所有权,从而避免自己误信登记名义人为真实的所有权人而与之达成交易(提供这种调查手段是登记制度的首要使命,而限定调查期间的是取得时效制度,在其他国家,购买者实际上可以以登记簿为线索,在取得时效的必要期间完成前,追溯至过去调查卖家的信息)。因此,即使否认登记具有“公信力”,希望与登记名义人(实际上是不享有任何权利的人)达成交易的第三人遭受损害的风险也较小。对此,未完成登记的物权变动因不存在能够使第三人知道该物权变动的外部表征,所以无法避免第三人错误地相信已经丧失所有权的登记名义人依然为所有权人而与之完成交易的情况。因此,在此种情况下,有必要通过使未经登记的物权变动不能对抗第三人,保护对未登记物权变动之存在不知情的第三人免于遭受不可预测的损害。另外,在二重让与中,第一受让人在取得权利的同时本能够完成登记,但因未能及时办理登记,第二受让人出现并率先办理了登记,对于这种情况,第一受让人完全可以通过自己的努力加以避免。因此,使取得不动产物权的人遭受“未经登记不得对抗第三人”的制裁并非严苛。对此,为了防止第三人擅自篡改自己名义的登记将不动产转卖他人并办理变更登记,不动产所有权人必须时刻监视不动产登记簿。这实际上是不可能的,所以肯定登记具有公信力,保护善意的第三人(真正的权利人相应地失去权利),对真正的权利人而言,过于残酷。因此,不承认登记具有公信力而仅承认登记具有对抗力的立法政策自有其合理依据。

〔8〕 前面提到的“不享有任何权利的人的特定继受人不属于民法第 177 条的第三人”这一原则从侧面论证了登记不具有公信力。

像第一节讨论的B、C之间发生争议的案件那样,物权变动有效成立,该物权变动的效力能否对抗第三人的问题属于“对抗问题”,像X与Z之间的争议那样,从外观上看起来像真正所有权人的无权利主体的受让人能否取得所有权的问题属于“公信问题”,判例和通说明确区分了这两个问题,就前者而言,根据第177条的规定,依是否存在登记以及登记的先后顺序决定权利关系的优劣,而就后者而言,是否具备登记以及登记的先后顺序并不是解决问题的关键。因此在涉及不动产物权变动的效力以及不动产物权变动相互之间的优劣关系问题时,首先应当区分该问题是第177条所解决的问题(对抗问题),还是保护无权利主体的受让人的问题(公信问题)。

第三节 对抗问题与公信问题的区分标准及其问题点

1. 采用上述判例和通说的观点,应首先明确“对抗问题”和“公信问题”的区分标准。

关于何为对抗问题,学界形成了各种讨论。[9] 遗憾的是并没有提出统一的标准,对此不再深入展开讨论,大多数学说至少在以下几个方面达成了共识。

以甲、乙之间发生的物权变动对抗丙的情况为例,从上文考察可知:①如果甲、乙之间没有发生有效的物权变动,便不存在能够对抗他人的物权变动,不构成“对抗问题”;②如果丙系虚假登记的名义人等不能主张甲、乙之间物权变动欠缺登记来证明自己立场的正当性的人,则

---

〔9〕 学说讨论概要可参见原島重義「『対抗問題』の位置づけ——『第三者の範囲』と『変動原因の範囲』との関連の側面から」法政研究33卷3=6号(1967年)43頁以下、川井健「対抗の意義と機能」川井健『不動産物権変動の公示と公信』(日本評論社,1990年)1頁以下、星野英一「物権変動論における『対抗』問題と『公信』問題」星野英一『民法論集(第六巻)』(有斐閣,1986年)123頁以下等。

让丙主张甲、乙之间物权变动欠缺登记是有害无益的,所以也不能成立"对抗问题"。因此,"对抗问题"是指,甲、乙之间发生了有效的物权变动,丙也在同一标的物之上具有正当的物权性质的利害关系,乙与丙是"水火不容"的关系,二重让与为其典型。但是,将乙、丙之间的争议作为"对抗问题",依是否具备登记以及登记的先后顺序解决,意味着乙未完成登记便会丧失相应的权利,所以当乙因不得已的事由未能完成登记时,不能适用民法第177条的规定(以未完成登记为由使其丧失权利)。

为了明确第177条的适用范围,应从如下两个方面展开讨论:第一,怎样的物权变动未经登记不得对抗第三人(未经登记不得对抗第三人的物权变动范围);第二,怎样的第三人享有主张登记欠缺的正当利益(未经登记不得对抗的第三人的范围)。

2. 但是,学界指出上述判例和通说观点存在如下问题。

根据判例和通说的观点,甲将同一不动产二重让与给乙和丙的情形属于最典型的对抗问题场景,但是依据民法第176条的规定,所有权仅依意思表示发生变动,所以当甲、乙之间完成所有权变动时,即便未完成登记,甲也已经成为无权利主体,第二受让人成为无权利主体的继受人,乙和丙之间的关系变为真正的权利人与无权利主体的关系,不禁让人产生这种情况不属于对抗问题的疑问。从这种疑问出发,有学者认为民法第177条承认了登记具有公信力(公信力说),[10]但是如果肯

---

〔10〕 被称作"公信力说"的学说存在各种各样的观点,但其共通之处在于,第二受让人并不是继受取得让与人享有的权利,而是为了保护信赖让与人依然保有所有权这一外观(登记),依法赋予其所有权,因此能够受民法第177条保护的人必须是善意或善意无过失的人[对公信力说的批判通常集中在该观点过于偏重保护动态交易安全这一点,但至少就二重让与纠纷的处理而言,因为只有善意(无过失)的第二受让人才能够获得保护,与其他观点相比,公信力说的观点更倾向于保护静态的安全]。我基本认同公信力说的问题意识[但是,结合本章脚注7的内容,我认为必须满足真正权利人对于没有完成正确的登记具有归责事由这一要件。对此,可参见鎌田薫「不動産二重売買における第二買主の悪意と取引の安全—フランスにおける判例の『転換』をめぐって」比較法学9卷2(1974年)118頁以下],但从文义解释的角度,公信力说仍有许多难题有待解决:①民法第177条系以有效发生的物权变动为前提,并没有规定信赖登记者可以取得所有权;②如果肯定登记具有公信力,必须承认第178条也承认占有具有公信力,那么将无法说明为何在第178条之外另外设置第192条规定以及两条规定之间的关系;③如果认为民法第177条规定的第三人必须满足善意无过失,那么在说明《不动产登记法》第5条时将面临若干困境[参见鎌田薫「対抗問題と第三者」星野英一編集代表『民法講座2』(有斐閣,1984年)78頁]。

定这种观点,将颠覆以区分对抗问题和公信问题为前提的判例和通说观点的立足点,所以根据判例和通说的观点,必须认为乙和丙均从甲那里有效地继受取得了所有权。这就是所谓的“二重让与的法律构造”的问题,对该问题,本书将在第四章展开讨论。

3. 正如反复强调的那样,判例和通说观点认为民法第177条不保护无权利主体的受让人。但是,这样将会削弱对登记的信赖程度,威胁不动产的交易安全。对此,为克服局限性,判例和通说观点通过略显牵强的逻辑操作,扩张了民法第177条的适用范围。[11] 但是,这种尝试不仅面临理论上的难点,而且扩张适用存在局限性,并非总能保护信赖登记的第三人利益,相反,适用第177条反而会导致不当保护恶意第三人的结果。

20世纪60年代以后,类推适用民法第94条第2款保护信赖不真实登记为真实登记的善意第三人的判例法理得以迅速确立,极大影响了民法第177条的解释论。关于民法第94条第2款类推适用的详细讨论状况,只能另外找机会进行说明,简言之,当满足“存在不真实的登记”“从某种意义上来说该登记的出现及存续系基于真实权利人的意思”“第三人善意(或善意无过失)”这三项要件时,真正的权利人不能对善意的第三人主张该登记系虚假登记而自己是真实的权利人。[12] 实际上,民法第94条第2款的类推适用法理是追究虚假伪装的权利外观作出者的责任,并非积极地保护对登记的信赖,在这一点上,与肯定登记具有“公信力”的观点不同。

---

〔11〕 例如,在解决后述的“撤销与登记”“继承与登记”的问题时,为了保护法律行为撤销后的第三人及遗产分割后的第三人的利益,无视撤销与遗产分割的溯及效力,以存在类似于二重让与的关系为由,将其作为对抗问题来处理。

〔12〕 川井健「民法九四条二項類推適用論」川井健『不動産物権変動の公示と公信』(日本評論社,1990年)65頁以下、鎌田薫「通謀虚偽表示」川井健 = 鎌田薫編『基本問題セミナー民法1 総則・物権法』(一粒社,1987年)44頁以下。

不管如何,上述理论尝试使第三人获得保护的可能性得以显著提升,更为重要的是:(1)从法律构成的角度来说,对公信问题进行了重新审视,诸如过去在处理权利人与撤销后的第三人、遗产分割后的第三人之间的关系时,专门为了保护第三人,无视逻辑上的牵强而将问题作为“对抗问题”处理,而现在通过拓宽第三人救济的路径,这些问题都可以作为“公信问题”来处理,对抗问题与公信问题的区分也得以被重新审视;(2)就实质的价值判断而言,民法第94条第2款类推适用的依据在于真实的权利人本能够消除虚假登记却未及时消除,而依第177条否定对抗的依据也在于权利人本能够完成登记却未能及时登记,学界开始强烈地意识到应怎样合理化地解释两者在保护第三人要件上的差异这一问题。

基于如上认识,下文将就“未经登记不得对抗的第三人”以及“未经登记不得对抗的物权变动”范围相关的基本问题进行概括说明,进而分别深入讨论具体的重要问题(背信恶意人、撤销与登记、继承与登记、时效与登记)。

CHAPTER 03 >>

第三章

“对抗要件主义”的基本问题(2)

——民法第177条的适用范围

第一节　未经登记不得对抗的“第三人”的范围

一、是否应该限制第三人的范围?

1.“第三人”一般是指除当事人及其概括继受人以外的人。但是,对于民法第94条第2款、第96条第3款、第545条第1款但书规定的“第三人”,其范围分别受各自制度旨趣的限定。对于民法第177条规定的“第三人”,是如前者那样采取广义的解释,抑或如后者那样将其限定在一定的范围?[1]

如果将第177条规定的第三人限定在一定范围,将会出现在与某人的关系上A为所有权人,而在与其他人的关系上B为所有权人的情况,这不仅使权利关系变得复杂,而且违反了物权的绝对性原则。但是,

〔1〕 对该问题,详细参见鎌田薫「対抗問題と第三者」星野英一編集代表『民法講座2』(有斐閣,1984年)67頁以下。

作为我国民法的母国法,法国法明文规定,第三人仅限于取得同一不动产之上无法并存的权利且完成登记的人,我国旧民法在此基础上,还规定恶意的第三人不能主张登记欠缺。

2. 对于未经登记不得对抗的第三人(能够主张登记欠缺的第三人)的范围,可以成立各种观点,但现行民法的起草者似乎认为不应该限定第三人的范围。〔2〕

但是,这种对第三人的范围不加限定的做法,实际上存在诸多弊端。以最简单的案件为例,未完成登记的房屋因他人放火而被烧毁,受害人因未办理登记,〔3〕不能向加害人主张自己已经取得了房屋的所有权,因此不能以所有权受到侵害为由请求损害赔偿。登记制度设立的目的在于保障交易的安全,并非使侵权行为人免于承担责任。另外,如果认为不享有任何权利的人的受让人也属于民法第 177 条的第三人,真正的所有权人将不能向无权利主体的恶意受让人主张自己的所有权,这将导致比肯定登记具有公信力更严重的后果。

于是,判例从早期开始就明确限制了第三人的范围,认为民法第 177 条规定的第三人是指"除当事人及其概括继受人以外的,就主张不动产物权的得丧变更缺乏登记具有正当利益的人"。〔4〕 在该判决作出之后的一段时期,学说上虽倾向于采取无限制说的立场,但现在基本上认为应当限制第三人的范围。〔5〕

3. 那么,具体而言,怎样的第三人属于民法第 177 条的第三人,能够主张缺乏登记呢?就如何限制第三人的范围,学界提出了各种观点,

〔2〕 本来应该采取形式主义的立法模式,但考虑到民法制定时,我国尚未确立牢固的登记习惯,对双方当事人适用未经登记不得对抗的原则过于僵硬,不具有任何实际意义,故例外地规定,在当事人之间,未经登记可以主张权利。

〔3〕 房屋已经灭失,无法再完成登记。

〔4〕 大審院 1908 年 12 月 15 日連合部判決,大審院民事判決録 14 輯 1276 頁。

〔5〕 关于连合部判决的意义,参见川井健「民法 177 条第三者制限説判決」川井健『民法判例と時代思潮』(日本評論社,1981 年)31 頁以下。

展开了激烈的争论,但可以说最终根据具体的案件类型,讨论是否属于第三人的范围,并将能够对结论进行概括说明的“表达”作为判断第三人范围的“一般标准”,所以本书主要根据具体的案件类型讨论第三人的范围,而不再深入探究抽象标准。

考察第三人的范围,有必要区分第三人的“客观要件”和“主观要件”的问题。前者的着眼点在于,就标的物享有何种权利或具有何种法律地位的人能够主张缺乏登记;后者的着眼点在于,满足客观要件的人对未登记的物权变动知情是否依然能够主张缺乏登记。

二、第三人的客观要件

1. 认为民法第177条的第三人是指“就主张缺乏登记具有正当利益的人”,采取限制第三人范围立场的前述大审院1908年连合部判决的理由在于如下四点:①只有彼此处于相反的利害关系时才成立“对抗关系”,故对物权变动不具有利害关系的人不属于第三人;②民法第177条的目的在于,通过公示物权变动,防止在同一不动产之上享有正当权利或利益的第三人遭受不可预知的损害,故不具有值得保护的利害关系的人也应当被排除在第三人范围之外;③“第三人”包括在同一不动产之上享有所有权、抵押权等物权或基于正当权源取得租赁权的人、扣押债权人、加入债权分配的债权人等;④“第三人”不包括在同一不动产之上不享有任何正当权源而主张权利者,如侵权行为人。

2. 现在的学说基本上赞成上述判例的观点,但也出现了学说上的对立。有学者在上述①的基础上,指出民法第177条仅适用于意思主义模式必然会出现的二重让与关系及类似关系(对抗问题),认为只有处于对抗关系的人属于第三人,而对于不是对抗关系中的人,不需要附加任何限制,因其原本就不属于第三人的范围,即提出了所谓的“对抗问题限定说”的观点。对此,有观点并没有事先确定“对抗问题”的意义,由此归纳演绎第三人的范围,而是根据具体的案件类型,通过具体的利益衡量判断是否适用第 177 条,由此归纳演绎第三人的范围(基本上支持判例的结论)。

但是,正如下文表 3-1 所示,表面上看起来学说争论较为激烈,实际上在具体结论上并不存在较大差异。实际上存在争议的问题是,租赁不动产的受让人在肯定租赁权存在的前提下,请求支付租金或提出解约申请等行使租赁合同上的权利时,承租人是否可以主张不动产的受让人缺乏登记。判例和通说一致认为,此种情形的承租人有权知道真正的债权人,若出租人二重让与不动产,极有可能使承租人遭受无法预知的损害,故应当适用民法第 177 条的规定。对此,对抗问题限定说认为,不动产的受让人并没有否定租赁权的存在,而是在肯定租赁权存在的前提下行使其作为出租人的权利,所以两者并不处于物权支配的相互对立关系,对承租人的保护可以通过向准占有人清偿或提存来实现,如果要保护承租人对真正债权人的知情权,则侵权行为人也会被纳入第三人的范围,故应当否定第 177 条的适用。〔6〕至于如何能够保证承租人对出租人地位变动知情的问题,应结合出租人的地位伴随不动产所有权的变动而发生改变的原则展开讨论,虽然问题的解决会面临困境,但考虑到租金债权可被单独让与,只要不动产的出让人通知(债权让与的对抗要件)到承租人,即使尚未完成登记,也能够以出租人地位发生变动对抗承租人。〔7〕

3. 在确定第三人客观要件的诸多原则中,在解释论上最具意义的是实质上不享有任何权利之人的特定继受人不属于第三人这一原则。如前文所述,这实际上证明了登记不具有公信力这一原则。然而,若严

〔6〕 所以,就确定第三人范围的一般标准而言,前者为排除包括承租人在内的侵权行为人,提出了“正当的交易关系”标准,后者提出“相互对立的物权支配关系”标准,将上述情形的承租人排除在外。

〔7〕 但是,不要错误地认为,采取登记必要说的观点,意味着向未完成登记的出租人支付租金是无效的。因为第三人可以承认未经登记的物权变动效力(放弃主张权利人未完成登记)。

格贯彻这一原则,真正的权利人放任不真实登记状态的存在,通常也能够获得保护,而误信不真实登记为真实登记的第三人却不能取得权利,这不仅会危及交易安全,也会动摇对登记制度本身的信赖。

表 3－1 学界争论

侵权行为人、非法占据人	无权利人及其继受人	辗转让与的前一让与人的让与人	债权人							物权取得者	第三人的类型
			一般债权人	临时处分债权人	债权分配加入债权人	扣押债权人	所有权移转请求权人	承租人			
								租金请求等	租赁权否认		
×	×	×	×	△	○	○	○	○	○	○	判例、通说
×	×	×	×	△	○	○	×	×	○	○	对抗问题限定说
	肯定公信力说		肯定说极少数	根据被保全权利的性质	否定说极少数	存在少数否定说					备注

注：表格中,○表示“属于第三人”;△表示“依具体情形判断是否属于第三人”;×表示“不属于第三人”。——译者注

过去,在继承与登记等一定情况下,有学者曾在坚持登记不具有公信力这一大原则的前提下,为了消除上述弊端,采取了如下解释论:通过法律拟制,使不真实登记的名义人也享有某种权利,而该权利移转至第三人,肯定民法第 177 条的适用。但是,原岛教授对此提出尖锐的批判,认为这种解释论混淆了对抗问题和保护交易安全、第三

人的问题。[8] 之后,伴随着民法第94条第2款类推适用的判例法理之确立,现在多数学说在解决如何保护实质上不享有任何权利之人的特定继受人问题时,不再“转用”民法第177条的规定,转而类推适用民法第94条第2款。[9]

三、第三人的主观要件

1. 如果不动产登记制度是为了防止因未经登记的物权变动之存在而使第三人遭受无法预知的损害,那么对未经登记的物权变动之存在知情的恶意第三人不可能遭受无法预知的损害,因此没有必要通过民法第177条为其提供保护。基于此种考虑,旧民法规定第三人须满足善意的要件。

但是,现行民法第177条只使用了“第三人”的表达,并不存在善意、恶意等主观要件的表述。对此,民法起草者指出,登记系基于公益的公示方法,如果不能保证登记的绝对效力将无法发挥登记本来的功能,所以没有必要再规定善意和恶意要件。在制定《不动产登记法》时,民法第177条没有区分善意和恶意,为了将恶意人特别是恶意程度较高的第三人排除在第三人范围之外,制定了旧法第4条和第5条的规定(现行法第5条第1款、第2款)。[10]

2. 从立法过程来看,很显然立法者并没有要求第三人满足善意要件。判例和通说自民法制定以后也一贯坚持不区分善意和恶意的立场。

但是,如果第三人明知他人已经取得所有权,依然“钻他人尚未

---

〔8〕 原島重義「登記がなければ対抗しえない物権変動」舟橋諄一編『注釈民法(6)』(有斐閣,1967年)276頁以下。

〔9〕 将结合“需要完成登记的物权变动范围”问题就具体的适用情形展开论述。

〔10〕 参见鎌田薫「対抗問題と第三者」星野英一編集代表『民法講座2』(有斐閣,1984年)74頁以下。

登记的空子",唆使出让人将不动产二重让与,以低廉的价格取得不动产并先予办理登记,获得不当利益,是否有必要保护该第三人,是存在疑问的。在现行法的模式下,少数有力的观点认为民法第177条规定的第三人必须满足善意要件(恶意人排除说),而不区分善意和恶意的传统通说观点也通过各种理论尝试,探索能够保证具体公平的解释路径。其中,最高裁判所在20世纪60年代以后,开始采用两者的中间立场——"背信恶意人排除说"的观点,这也是现在判例和通说的观点。最近又有学者在这些观点的基础上,进一步发展了判例和通说的观点,提出了排除单纯恶意人及善意有过失者的观点。

第三人善意和恶意的讨论关乎如何从根本上理解登记制度,鉴于实践上的重要性,本书将作为单独的讨论课题于后文展开详细讨论。〔11〕

第二节 需要完成登记的"物权变动"的范围

一、无限制说与限制说

1. 不管何种原因的不动产物权变动都须完成登记否则不能对抗第三人吗?为了准确地公示权利关系,当然希望所有的物权变动都应完成登记,但此处的问题是,何种原因的物权变动未经登记,应承受"对抗不能"的制裁。〔12〕

早期的判例认为仅限于依意思表示的物权变动,但大审院在限制

〔11〕 参见本书第76页以下(原著对应页码——译者注)的内容。

〔12〕 应明确区分从登记制度的理想和政策角度希望登记何种事项的问题,与何种事项未经登记不得对抗第三人的问题,参见原島重義＝児玉寛「登記がなければ対抗しえない物権変動」舟橋諄一＝徳本鎮編『新版注釈民法(6)』(有斐閣,1997年)469頁。

民法第177条规定的第三人范围的连合部判决作出的同一天,作出另外一份判决,[13]认为所有的不动产物权变动都应该完成登记,否则不能对抗第三人,改变了过去判例的立场,直至现在仍延续此种观点。

要求所有的不动产物权变动均完成登记的制度,在其他国家找不到相同的立法例。例如,如果认为根据死亡继承取得的不动产未完成登记不能对抗第三人,则会出现没有人能够就继承的不动产主张所有权的时刻,而虽然未完成登记,但不能排除死者将不动产二重让与的情况出现,所以没有必要因为未完成登记而否定依继承取得不动产的效力。但是,我国曾存在生前继承的制度,因为继承开始后被继承人有可能将不动产二重让与,所以有必要就生前继承规定未经登记不能对抗第三人。前述连合部判决正是基于这种考虑,才作出一般性的说明,认为依继承或其他法律规定发生物权变动的,均应该完成登记,否则不能对抗第三人,该一般性说明被当作一般原则而延续。[14] 根据这种特殊的判断构造,一方面,基于所有的物权变动未经登记不得对抗第三人,强调所有的物权变动均应完成登记这一公示理念;另一方面,在解决具体纠纷时,根据前述第三人限制说的观点,通过判定主张缺乏登记是否具有正当利益,确保了具体结论的妥当性。

2. 但是,针对所有的物权变动,规定未经登记不得对抗第三人,实际上限定了未经登记不能对抗的物权变动范围,应当如何确定其范围成为讨论课题。

当然,在这些情况下,因为不可能出现未经登记不能对抗的"第三人",所以通常未完成登记也能够对抗第三人,并没有因此改变判例提出的所有的"物权变动"未经登记不得对抗第三人的原则。例如,A通

---

〔13〕 大審院1908年12月15日連合部判決,大審院民事判決録14輯1301頁。

〔14〕 参见原島重義「『対抗問題』の位置づけ——『第三者の範囲』と『変動原因の範囲』との関連の側面から」法政研究33巻3=6号(1967年)43頁以下等。

过建造房屋原始取得房屋所有权的,能够提出所有权主张的情况包括以所有权受到侵害为由要求不法占有人排除妨害或承担损害赔偿的情况,以及B谎称自己为所有权人将房屋出让给C,A向C主张所有权的情况,因为不法占有人以及无权利主体的继受人不属于民法第177条规定的“第三人”,最终A可以不经登记对任何人主张自己的所有权。虽然多数学说认为建造房屋原始取得房屋所有权系“无须完成登记的物权变动”类型,但根据判例确立的原则,建造房屋原始取得所有权虽然也属于“需要完成登记的物权变动”,但因为没有出现“未经登记不得对抗的第三人”,所以在具体结论上并不存在差异。

于是,有学者指出,只需要讨论“第三人的范围”来确定第177条的适用范围,没有必要讨论“物权变动的范围”,至少可以认为这种观点准确解读了判例法理。〔15〕

考察上述问题,有必要选取几个具有代表性的问题,针对具体的问题状况展开讨论,之后将作为单独问题详细加以讨论,下文仅简单分析判例的状况及其问题。

二、基于意思表示的物权变动——撤销与登记

1. 依意思表示发生物权变动的,意思表示作出时可以完成登记,因此原则上未经登记不得对抗第三人。但如果溯及发生物权变动效果时,无法预先完成临时登记,物权可能远早于物权变动的发生原因即意思表示作出的时间,会出现比较微妙的问题。典型的问题是,不动产物权变动的原因行为被撤销的,撤销权人以物权回复为由对抗物权的转得人的,是否需要就依撤销的物权回复完成登记。

〔15〕 但是,对抗问题限定说认为,“限制”第三人的范围这种观点本身是错误的,对于不可能发生对抗问题的物权变动,原本就不能适用第177条,根本无须限制第三人的范围。

判例认为,对于撤销前具有利害关系的第三人,撤销权人未经登记也能够主张依撤销的物权回复(但适用民法第96条第3款的情形除外),但对于撤销后具有利害关系的第三人,撤销权人未经登记不得主张依撤销的物权回复。[16]

2. 对上述判例法理,大致存在如下三个方面的批判。

第一,判例法理的逻辑难以自洽。一方面,对于撤销前的第三人,判例法理肯定撤销的溯及效力,转得人溯及变为不享有任何权利之人的继受人,不能主张撤销权人未完成登记;而另一方面,对于撤销后出现的第三人,判例法理则否定撤销的溯及效力,认为撤销发生复归的物权变动,复归的物权变动与向第三人的让与构成类似于二重让与的关系,适用民法第177条的规定。

第二,依据判例法理,撤销后的第三人即便是恶意,也能够主张撤销权人未完成登记,为其提供超出承认登记具有公信力的过大保护,而对于撤销前的第三人,除适用民法第96条第3款的情形,即便第三人善意无过失,也无法获得保护,两相比较,明显失衡。

第三,依据判例法理,撤销权人一般会选择在转得者及其他第三人出现以前不行使撤销权,这种以牺牲善意无过失的转得者利益来保护本能够行使撤销权而怠于行使权利的撤销权人的做法不可取。[17]

3. 针对上述第一点批判,只有两种路径可供选择:其一,不区分撤销前和撤销后,一概承认撤销的溯及效力,将转得者作为不享有任何权利之人的继受人;其二,限制撤销的溯及效力,作为对抗问题处理。

但是,如果采用前者(无权利说、溯及消灭说),撤销权人撤销意思表示后,未经登记便能够向转得者主张物权回复,不仅使第三人遭受无

---

〔16〕 大審院1929年2月20日判决,大審院民事判例集8卷59頁;大審院1942年9月30日判决,大審院民事判例集21卷911頁等。

〔17〕 也有学者认为,何时行使撤销权是撤销权人的自由,因此上述批判不成立。

法预知的损害,而且会动摇登记制度的根基。对此,如果采用后者(对抗问题说、复归的物权变动说),能够行使撤销权以前标的物被转卖并完成登记的,撤销权人即使行使撤销权也无法取回标的物,使撤销制度的目的落空。

判例之所以无视逻辑漏洞而区分第三人出现在撤销前和撤销后,正是为了消除上述两种观点的弊端,旨在协调登记制度和撤销制度的关系。以撤销的时间为标准对撤销前后采取不同处理的正当性依据在于,撤销前不能办理物权回复登记,不能作为对抗问题处理(不能以未完成登记为由使其丧失权利),而行使撤销权后能够完成登记,所以能够作为对抗问题处理。

4. 无权利说通过类推适用民法第94条第2款来保护善意转得人的利益,回应了上述第二点批判,同时,因可以行使撤销权或追认而怠于行使权利,满足第94条第2款类推适用的前提——真正的权利人具有归责事由,回应了上述第三点批判;而对抗问题说(复归的物权变动说)通过灵活适用背信恶意人排除法理,回应了上述第二点批判,同时,在尚不能行使撤销权时第三人出现的,欠缺将其作为对抗问题处理的前提,排除了第177条的适用,回应了前文提出的疑问。[18]

三、继承与登记

1. 涉及依继承的物权变动是否需要完成登记的问题场景各种各样,主要的判例如下:

①共同继承人之一B就遗产中的不动产,通过伪造相关文件完成单独所有名义的登记,将其出让给C,其他的继承人A等人没有登记也

〔18〕 参见本书第116页以下(原著对应页码——译者注)的内容。

能基于持有的法定继承份额对抗 C。[19] 因为就 A 等人持有的份额而言,B 不享有任何权利。

②共同继承人之一 B 放弃继承权,但 B 的债权人 C 扣押了 B 享有的不动产继承份额,其他的继承人 A 等人没有登记也能够以 B 放弃继承而对应份额归属于自己为由对抗 C。[20] 因为 B 自始不享有任何权利(民法第 939 条)。

③遗产分割后,A 单独所有遗产中的不动产,如果没有完成登记,不能向受让取得其他继承人 B 的法定继承份额的 C 主张自己已经通过遗产分割取得了 B 的份额。[21] 因为根据遗产分割 B 的份额移转至 A 与让与给 C 构成二重让与关系。

2. 是否需要完成登记,取决于第三人是否属于“不享有任何权利之人的继受人”。将已经完成登记的第三人认定为无权利人从而保护未登记权利人的法解释技术被称作“无权利法理”。重要的问题是,判例法理在①②两种情况下适用无权利法理,而在③的情况下作为对抗问题来处理的理由。

为此,学界存在各种解释,但都缺乏说服力。上述判例法理的正当性依据在于:第一,遗产分割前的权利关系并不固定,此时无法期待继承人完成共有登记(实践中几乎不存在完成共同继承登记的情况),故不能作为对抗问题处理(不能因为未完成登记而使其丧失权利);第二,即使共同继承人中的一人放弃继承权,其他的共同继承人之间依然存在不固定的遗产共有状态,实质上与前述情况没有任何差别,故不能作为对抗问题处理;第三,遗产分割后,权利关系得以确定,可以立即完成

〔19〕 最高裁判所 1963 年 2 月 22 日判决,最高裁判所民事判例集 17 卷 1 号 235 頁。
〔20〕 最高裁判所 1967 年 1 月 20 日判决,最高裁判所民事判例集 21 卷 1 号 16 頁。
〔21〕 最高裁判所 1971 年 1 月 26 日判决,最高裁判所民事判例集 25 卷 1 号 90 頁。

登记,故能够适用民法第177条的规定,否则将无法保证交易的安全。[22]

3. 上述判例的基本立场虽然具有一定的合理性,但不免存在如下批判。依判例法理,在上述①的情况下,误信不真实登记的名义人为真正权利人的第三人将无法获得保护,而在上述③的情况下,恶意的第三人也能获得保护,故判例法理不具有合理性。对于上述批判,依背信恶意人排除法理可以解决恶意第三人获得保护的问题。至于如何保护转得者的利益,过去曾存在主张适用民法第177条的观点,[23]但现在的主流观点认为,真正的权利人存在归责事由的,类推适用民法第94条第2款。

四、时效与登记

1. 涉及时效与登记问题的判例,以像时效取得这样基于法律上原因的物权变动必须完成登记否则不能对抗第三人这一“物权变动原因无限制的判例立场”为前提,提出如下原则:

①A时效取得B享有所有权的不动产的,B因A完成时效而丧失所有权,等同于物权变动中的“当事人”,故A能够以时效取得对抗B而无须完成登记。[24]

②A时效完成前B将不动产出让给C的,A与C的关系与①相同。[25]

③B在时效完成后将不动产出让给D的,相当于对A和D完成了二重让与,故A未经登记不能以时效取得对抗D。[26]

---

〔22〕 参见本书第133页以下(原著对应页码——译者注)的内容以及鎌田薫「相続と登記」星野英一編『判例に学ぶ民法』(有斐閣,1994年)53頁以下。

〔23〕 如果适用民法第177条,必须认为B在整体的继承不动产之上依然享有某种权利并将其转让给C,为此,此种观点基于对共有制度的弹性解释展开了晦涩难懂的说明。

〔24〕 大審院1918年3月2日判决,大審院民事判決録24輯423頁。

〔25〕 最高裁判所1966年11月22日判决,最高裁判所民事判例集20卷9号1901頁等。

〔26〕 大審院1925年7月8日連合部判决,大審院民事判例集4卷412頁等。

④时效的起算点为占有开始之时,时效援用者不得任意更改。[27]这是维持②和③相区分的补充性原则。

⑤A在时效完成后的第三人D具备登记后依然继续占有不动产的,满足时效取得所需必要期间的,将再度完成取得时效,A可不经登记以时效取得对抗D。[28] 此为弥补原则③④之漏洞而提出的补充原则。

2. 由以上可知,对于依时效的不动产物权取得,判例依然坚持未经登记不得对抗第三人的原则,将登记作为对抗第三人的要件,而以物权变动对抗"当事人"则无须完成登记,通过这种法解释技术(当事人法理),实现了利害关系的调整。

但是,对于如何理解时效制度与登记制度的目的,学界依然存在争议,而且关涉应保护现占有人抑或信赖登记进入交易关系的人这一微妙的价值判断,学界对时效与登记的问题存在较大分歧,学界的批判集中体现在上述原则②和原则③的关系上。[29]

3. 关于判例在②和原则③之间实现从尊重占有向尊重登记的立场转变,因为时效取得者不可能在时效完成前完成登记,所以不能将时效取得者与时效完成前的第三人之间的关系作为对抗问题处理,而时效完成后时效取得者可以完成登记,应将时效取得者与时效完成后的第三人之间的关系作为对抗问题处理,以此恢复对登记的信赖,保障交易安全。

但是,具体考察在何种情况下会发生时效与登记的问题,代表性的情况包括,A从B处受让取得不动产受领交付但尚未完成登记时,B将

---

〔27〕 最高裁判所1960年7月27日判决,最高裁判所民事判例集14卷10号1871頁等。

〔28〕 最高裁判所1961年7月20日判决,最高裁判所民事判例集15卷7号1903頁。

〔29〕 大致的讨论状况可参见池田恒男「登記を要する物権変動」星野英一編集代表『民法講座2』(有斐閣,1984年)145頁以下。

不动产转让给C的情况,以及因分界线认识错误A占有C享有所有权的部分土地的情况。就前者(二重让与型)而言,A在占有开始时便能够完成登记,判例的观点不具有正当性。就后者(分界线纠纷型)而言,A如果是恶意的,可以在时效完成的同时办理登记,但却无法期待误信争议地为自己所有的善意无过失的人完成时效取得的登记(推测C在很多情况下也不知道自己取得了争议地),此时适用判例确立的原则③不具有合理性。

基于上述考虑,最近学界提出了类型化的解决路径,对二重让与型案件适用尊重登记说的观点,对分界线纠纷型案件适用尊重占有说的观点。[30]

第三节 总 结

1. 如上所述,对于“须完成登记的物权变动的范围”,判例坚持所有的物权变动未经登记不得对抗第三人的原则,在讨论“第三人的范围”过程中判断是否需要完成登记。从这一点上来说,主张将所有问题当作“第三人范围”问题看待的观点,具有一定的合理性。

但是,在讨论“物权变动范围”问题时,讨论的重点在于权利人未完成登记是否达到能够使其丧失权利的归责程度,而“第三人范围”的问题主要讨论第三人就主张缺乏登记是否具有正当利益,两个问题在性质上具有很大的差异,故从教学的角度来说,有必要区分这两个问题。

2. 虽然对于需要完成登记的物权变动范围,判例呈现出相当复杂的状况,但具有相对比较单纯的共通价值判断标准,适用民法第177条

〔30〕 详见本书第151页以下(原著对应页码——译者注)的内容。

无非是以缺乏登记为由使权利人丧失权利,故就物权变动效力产生争议的双方当事人之中,若至少无法期待其中一方当事人完成登记的,应排斥第 177 条的适用——将完成登记的人看作“无权利人”或“当事人”,只有当双方当事人都能够完成登记时,原则上才适用民法第 177 条的规定。

3. 然而,正如前文所述,判例严格区分对抗问题与公信问题,所以在适用民法第 177 条时,必须存在类似于二重让与的关系,为此判例法理常常无视溯及效力的明文规定,导致逻辑难以自洽。之所以以牺牲逻辑为代价适用第 177 条,原因在于,如果不保护信赖登记的第三人,便无法保障交易的安全。但是,为了保护无权利人的受让人,判例确立了民法第 94 条第 2 款的类推适用法理,所以为了保护第三人的利益,无须再拘泥于解释技巧,依靠民法第 177 条。[31]

在上述判例发展的背景下,最近的学说倾向于将过去简单地作为对抗问题处理的问题,通过类推适用民法第 94 条第 2 款,将其作为公信问题处理。

4. 如何区分对抗问题与公信问题显得越来越重要,与此同时,两者的差异在逐渐缩小。

作为现行法上解决公信问题有效的手段,民法第 94 条第 2 款的类推适用法理仅适用于真正的权利人基于自己的意思导致虚假登记的情形,[32] 只有满足此种情形才对善意的第三人提供保护。此外,民法第 177 条也不是单纯地根据登记的先后顺序机械地决定权利关系的优劣,仅当真正的权利人本能够完成登记而未登记时,才保护主张登记欠缺具有正当利益的第三人,而且适用背信恶意人排除法理确定第三人的

---

〔31〕 而且,适用民法第 177 条还可能导致保护恶意第三人的后果。

〔32〕 具体情况是真正的权利人能够完成登记却未完成登记。

范围,故从要件和效果两个方面来说,非常近似于民法第94条第2款的类推适用。

在此状况下,应从要件和效果两个方面,详细考察第177条和第94条第2款的类推适用法理之间的差异,而且还应当深入探究两者差异的正当化依据。正是因为“公信力说”(从严格区分对抗问题与公信问题不具有合理依据的立场出发)提出了上述问题,才使其颇具现代意义。

CHAPTER 04 >>

第四章

“二重让与”的法律构造

第一节 “二重让与”的含义

A 将自己所有的不动产转让给 B，在 B 未完成登记时，又将同一不动产转让给 C，一般将此种情况称之为“二重让与”。此时，若 C 先于 B 完成登记，则 C 取得不动产的所有权，B 丧失所有权。

但是，对于上述结论，学界存在异议。因为我国民法采用意思主义立法模式，当所有权变动至 B 时，A 已经成为不享有任何权利的人，不可能完成所有权由 A 向 C 的移转，所以即使 C 先完成变更登记，其登记也是无效的。在法典调查会的议事记录中可以看到上述争论，但是如果认同该观点，登记制度将变得毫无意义，因此大部分学说都一致认为，这种争论是“荒唐的”，应予以摒弃。

尽管如此，若认为 B 未完成登记，所有权没有从 A 移转至 B，则违反“意思主义”原则，若认为 C 虽然是无权利人的受让人，但 C 因误信 A 名义的登记是真实登记而原始取得所有权,相当于肯定了登记具有“公信力”,不符合“对抗要件主义”的要求。

为了协调“意思主义”与“对抗要件主义”的关系,大部分学说认为,所有权由 A 变动至 B,同时 A、C 之间也发生了有效的所有权变动,该所有权变动因具备登记,取得了对抗效果。但是,这种观点存在违反物权排他性及一物一权原则的嫌疑,为了提出令人信服的说明,学界可谓是煞费苦心。

此外,“二重让与”的表述从严格意义上来说,是指就同一个所有权发生了原本不能并存的两个所有权变动之状态,它与 AB、AC 中一方或双方仅停留在债权阶段的“二重买卖”的表述不同。根据两者的区分,若认为所有权自合同成立时发生变动,原则上二重买卖通常产生二重让与的关系,若认为支付对价、完成登记或交付时所有权发生变动,则出现二重让与关系的情况相对较少。

第二节 传统学说概观

正如前文所述,大部分学说以意思主义为前提,否定登记具有“公信力”,主张 A、B 和 A、C 之间均发生了有效的物权变动。但问题是 A 在完成第二次让与时具有何种权限,反过来说,A 在完成第一次让与时向 B 移转了何种权利(没有完成公示的物权之本质)。对此,学说大致存在三种有力观点。[1]

一、不完全物权变动说

第一种观点认为,A、B 之间发生的物权变动因未完成登记,不具有

〔1〕 更详细的分类,原島重義＝児玉寛「対抗の意義」舟橋諄一＝徳本鎮編『新版注釈民法(6)』(有斐閣,1997 年)423 頁以下参照。

完全的效力,所以出让人 A 并未变成不享有任何权利的人,可以向 C 完成第二次让与。[2]

此种观点与认为在完成登记之前仅发生债权效果的观点(债权效力说),以及认为当事人之间发生了完全的物权变动但对第三人不发生效力,所有权依然归属于 A 的观点(相对无效说)比较接近,但是依据后两者的观点,未完成登记的受让人对任何第三人都不能主张物权,这与大审院民事连合部 1908 年 12 月 15 日判决[3]以后判例和通说观点确立的"第三人限制说"的观点相抵触,鉴于此,不完全物权变动说认为仅依意思表示发生的物权变动对第三人也发生效力(B 取得的所有权具有绝对性),但在完成登记之前不具有排他性(B 不能对抗第 177 条的"第三人")。

此种观点极为简明扼要地指出了第 176 条之规定受第 177 条和第 178 条的制约,然而"不完全物权变动""不完全物权"等概念过于模糊,残存于 A 并移转至 C 的权利之性质和内容不明确,这些方面招致了学界的集中批判。

也有学者基本上采取与上述观点相同的思路,试图进一步明确"不完全"物权及物权变动的概念,但以失败而告终。例如,山中博士认为,未完成登记的受让人的权利仅具有债权性质,只有在完成登记时物权变动发生效力,得出与采取形式主义相同的结论。[4] 另外,於保博士认为,近代法上,物权具有观念性,这种观念性的物权与债权一样,可以通过意思表示实现二重乃至三重转让,但实际上无法并存,所以应根据登

〔2〕 我妻栄 = 有泉亨『新訂物権法』(岩波書店,1983 年)149 頁等。

〔3〕 大審院民事判決録 14 輯 1276 頁。

〔4〕 山中康雄「権利変動論」名古屋大学法政論集 1 巻 3 号(1952 年)287 頁以下。加藤雅信『物権法(第二版)』(有斐閣,2005 年)75 頁以下提出了"二阶段的物权变动理论",即出卖人向买受人交付标的物时,发生"萌芽的物权变动",完成登记时发生绝对的物权变动,但"萌芽的物权"不能对不法占有人主张物权效力,所以实质上与债权无异,故加藤教授的观点近似于山中教授的观点。

记来确定无法并存的物权相互之间的优先顺位。[5] 这种观点采取了极为巧妙的概念操作,但是内容上无法并存的债权能够二重乃至三重“成立”,这与同一债权被二重或三重让与后,各受让人是否能够有效“取得”该债权是完全不同的两个问题,不应该混淆这两个问题,同时,仅认为依意思表示发生物权变动的情况产生二重让与关系(对抗关系),其合理性也受到质疑。

总之,对于不完全物权变动说而言,概念的模糊性反而是其“亮点”,后述铃木教授等学者的观点放弃概念操作,主张无须确定物权变动的时期(分阶段的变动说),是对不完全变动说的核心精神最为正统的继受。

但无论如何,如果采用不完全物权变动说及其修正观点,将很难从字面上维系意思主义、物权排他性、一物一权原则。

二、第三人主张说

第三人主张说坚持意思主义和一物一权原则,认为即便未完成登记,物权变动也会对当事人及第三人发生效力,仅当一定范围的第三人提出某种主张后,该物权变动不再对第三人发生效力,所有权移转至第三人一方。采取这种观点的学者倾向于重视意思主义、物权排他性、一物一权原则等确定的概念,大部分学者采用物权行为独立说即为例证。

此种观点是最近的多数说,不过各种观点在具体内容上存在差异。例如,石田文次郎博士认为第三人有权否定已经发生的物权变动的效力(否认权说),[6]末弘博士[7]与舟桥博士[8]则认为第三人只需要提

〔5〕 於保不二雄『物権法(上)』(有斐閣,1966 年)126 頁。
〔6〕 石田文次郎『物権法論〔全訂改版〕』(有斐閣,1947 年)110 頁。
〔7〕 末弘厳太郎『物権法(上巻)』(一粒社,1960 年)154 頁。
〔8〕 舟橋諄一『物権法』(有斐閣,1960 年)146 頁。

出与未完成登记物权变动相反或对立的事实即可。

学说观点之所以出现分歧,是因为很难说明第三人对未登记物权变动之存在不知情时的权利关系。[9] 此外,对二重受让人均未完成登记而相互行使否认权时的权利关系、否认权的发生根据、行使否认权或提出相反事实与所有权取得之间的逻辑关系,尚未得到明确的说明。

为了回应上述难题,有学者认为法律上当然否定物权变动对第三人的效力,[10] 也有学者认为第三人的出现使未完成登记的物权变动的效力受到限制,[11] 但这些观点与不完全物权变动说及相对无效说几乎不存在差异,所以应承受与此两种观点同样的批判。

三、诉讼法的理论构造

如上所述,如果从尊重物权法原则的角度,对二重让与关系中的所有权变动进行深入考察,总会面临说理不充分的难题。为此,学界出现了将第177条和第178条认定为裁判规范,"放弃"实体法说明的观点。最早中村宗雄博士依据汉斯凯尔森的规范阶段说,提出了实质上与於保博士相同的观点,[12] 舟桥博士将民法系裁判规范作为补充论据,[13] 最彻底的观点是石坂博士等学者提出的"法定证据说"[14]——裁判所在认定是否存在物权变动和物权变动的先后顺序时,第177条和第178条为第三人提供了法定证据。

---

〔9〕 否认权说的难点在于,善意的第三人不知道自己享有否认权,在完成登记时没有行使否认权的意思,所以无法通过行使否认权否定未经登记的物权变动效力,使自己有效地取得物权。

〔10〕 末川博『物権法』(日本評論社,1956年)96頁。

〔11〕 原島重義=児玉寛「対抗の意義」舟橋諄一=徳本鎮編『新版注釈民法(6)』(有斐閣,1997年)427頁。

〔12〕 中村宗雄「訴訟法の立場からみた実体法学の学問的方法とその構造とに関する疑義」早稲田法学26巻4号(1951年)45頁以下。

〔13〕 舟橋諄一『不動産登記法』(日本評論社,1939年)58頁。

〔14〕 石坂音四郎「意志表示以外ノ原因ニ基ク不動產物權變動ト登記(二)」法学協会雑誌35巻3号(1917年)61頁以下、安達三季生「一七七条の第三者」柚木馨ほか編『判例演習物権法』(有斐閣,1963年)51頁。

该领域的母国法即法国法,特别是《拿破仑民法典》的确带有浓厚的裁判规范的色彩,“对抗”的原文“opposer”被译为“抗辩”“故障申请”,它不是指物权是否存在,而是指是否应当肯定物权变动,虽然法定证据的概念仍不明确,但这种观点值得倾听。不过,不管是我国,还是现代法国,一般认为民法学的整个体系是实体法的权利体系,如果仅在说理困难的情况下,采取证据法或诉讼法的观点,是存在问题的。

第三节 新的解释路径

由上述考察可知,过去的学说存在较大分歧,各种学说提出了比较难以理解的观点,但不管哪一种观点都存在尚未解决的难题,均未能作出令人信服的说明。而且,被细分的各种学说观点在具体的结论上,实际不存在任何差异。学说的争论实际上是以意思主义及其他原则为确定的前提,预先设定具体结论,寻找将两者相结合的说明方法而已。因此,这场争论只不过是表面上的“理论构造”的争论而已。

在这样的背景下,近来有学者认为,就对抗问题进行一般化的概念说明不具有任何实际意义(铃木、星野、广中、好美、稻本等学者),也有学者认为,之所以过去的学说未能作出令人信服的说明,原因是预先设定了逻辑上不能成立的“结论”,所以应结合结论部分重新构建理论体系。

一、实益论解释

前者观点的主要提倡者之一铃木教授,提出如下观点。[15]

---

〔15〕 鈴木禄弥「民法177条の『対抗スルコトヲ得ス』の意味」鈴木禄弥『物権法の研究』(創文社,1976年)242~243頁。引用时除了省略部分内容外,本书采用了与其相同的符号标记。

第177条规定的实质目的在于:①从B的立场来看,他从A手中购买土地,无论何时都能够完成登记,但怠于行使权利,未采取拥护自己权利的措施,所以不能向C主张权利,若C先完成登记,则B确定地丧失权利。B和C之间的关系属于自由竞争中先到者获胜的关系,B虽然没有完成登记的义务,但如果不完成登记将遭受不利益,促使其尽快完成登记。②从C的立场来看,他在与A进行交易时,认为登记簿上未记载的物权变动是不存在的,故可以无视B完成交易,保障交易的安全和迅捷。但是,对信赖登记的这种保护是单方面的,仅限于消极层面,并不保护相信实际存在完成登记的物权变动这种积极信赖,而且明知存在未经登记的物权变动的第三人(恶意第三人)原则上也能够以物权变动不存在为前提进行交易,故与善意者保护制度即公信原则具有很大差异。

可见,对于第177条的制度,像学说上的各种观点那样,采取巧妙的解释没有任何实际意义,毋宁将第177条理解为,"在二重让与的情况下,不管合同缔结、对价支付、交付等的先后顺序,先完成登记者优先取得物权"。尚待解决的第一个实际问题是,本条规定是否适用于典型的二重让与以外的情况。但我认为,可以根据具体的案件类型,从交易安全、登记制度的目的、如何保护未完成登记的物权取得者的利益等角度,提出具体的解决方案。……还需要解决的一个问题是,在适用本条规定时,应由谁举证证明是否存在登记,关于这个问题,不应从理论上推导出结论,应当从合理性的角度出发进行判断。

铃木教授的上述观点招致了两个方面的批判。第一,有学者指出"法解释学的任务就是通过统一的原则来解释实践中妥当的结论"。过去的学说或多或少都采取这种观点,但是只有贯彻这种思路,通过体系的逻辑推演得出的结论才是“正确的”结论，不可能脱离这一过程预先设定“妥当的”结论。关于这一点的观点对立，是现在民法学上最根本的争议焦点。

第二，有学者从“公信力说”的立场出发，指出即使从利益衡量的角度出发，将第177条的“实质目的”解释为上述①、②也是不恰当的。

二、公信力说

一般被称作“公信力说”的各种学说观点，不同的学者提出了不同的解释。此类观点认为，A、B之间通过未经公示的出让行为，A变成无权利人，C之所以能够取得所有权，是因为误信具有所有权外观（登记）的A是真正权利人而与之完成交易的C依法受到保护（篠塚、半田、月冈、石田、米仓等学者）。

此观点存在两方面的论据支撑。第一，该观点认为，过去的学说要么违反意思主义、物权排他性、一物一权原则，要么无视这些原则，最终都没有提出令人信服的说明，故为了避免轻易地修改这些原则，必须认为C取得所有权的过程是“从无到有”的过程。

第二，不管是从实质的利益衡量角度出发，还是从理论上说，不应将恶意的受让人作为第177条（以及第178条）中的第三人，只有善意（无过失）的第三人才能够获得保护。

很显然，这种观点违反了“我国民法不承认登记具有公信力”这一“公认的原则”，实际上早期的博瓦索纳德博士以及冈村玄治博士曾提出过相同的观点，不过几乎没有形成任何影响力。尽管如此，近来这种观点又形成了一定程度的影响力，反映了不动产交易领域的社会和法律环境的变化。

三、若干讨论

关于本章讨论的问题，在近年的民法学界，上文的两种观点形成鲜明的对立，[16]我认为应重点讨论这两种观点在实质价值判断上的差异（而不是过分关注理论构造上的差异），因为我支持“公信力说”的价值判断，故通过比较铃木说（星野说），提出自己的几点理由。

我已经在其他论文中，对判例和通说仅以“自由竞争原理”“交易安全”为由不区分第三人善意和恶意的做法提出了批判。[17] 对此，星野教授等学者认为第177条是为了对登记懈怠者进行制裁，并不以保护第三人为其直接目的，但是姑且不论对登记懈怠者进行刑事处罚或行政处罚，至少按照现在的民法一般原则，当通过使第三人取得权利的方式对其进行制裁时，第三人应具备值得保护的理由。即便是真正的权利人归责程度最高的通谋的虚伪意思表示的情况，仍然需要满足第三人善意的要件。判例和通说之所以要求2004年改正前的民法第109条的第三人需满足善意无过失的要件，正是基于此种原理的考虑，近来判例和通说迅速确立的第94条第2款的类推适用法理也是该原理的一种适用情形。应当在比较衡量登记懈怠者的“归责性”和信赖登记的第三人的“保护必要性”的基础上，推导出“合理的解决方案”。

当然，星野教授和铃木教授并不是没有意识到这一点，前述铃木论文中的①、②两点恰恰指出了未完成登记的权利人的归责原因和第三人的保护理由，但是因为如果第三人恶意也受到保护，将违背民法的一般原则，故将第177条的适用范围原则上限定在典型的二重让与情形，除此之外的情况，通过具体政策上的判断决定是否适用第177条。但

---

〔16〕 参见「シンポジウム　不動産物権変動と登記の意義」私法37号(1975年)3頁以下的讨论。

〔17〕 鎌田薫「不動産二重売買における第二買主の悪意と取引の安全——フランスにおける判例の『転換』をめぐって」比較法学9巻2号(1974年)31頁以下。

是,随着背信恶意人排除说的确立以及逐渐向恶意人排除说靠近,对抗问题的特殊性逐渐被削弱,另一方面,民法第94条第2款的类推适用法理使得登记的纠纷解决功能实现了飞跃式的扩张,在这种背景下,是否可以只根据解释者的“政策判断”,从多种解决方案中选择“合理的解决方案”,存有疑问。[18] 川井教授在文后所列著作中,将民法第94条第2款的类推适用法理融入第177条的适用范围,试图构建贯穿整体的统一判断标准,这种尝试是非常合理的,意味着“公信力说”的价值判断的渗透。[19]

在过去博瓦索纳德的观点受到排斥、恶意人排除说受到驱逐的时代,只需借助登记簿就可以实现迅捷的、活跃的不动产交易,但现在登记习惯已经确定,不动产交易状况以及不动产所有权观念发生了重大变化,是否依然有必要驱逐现在正在居住的未完成登记的所有权人,使恶意人取得所有权,来促进“登记”、保障“自由竞争原理”、对登记懈怠者进行制裁等,非常值得怀疑。“公信力说”的出现象征着这个时代的变化。[20]

参考文献(除文中的参考文献外)

篠塚昭次「物権の二重譲渡」篠塚昭次『論争民法学1』(成文堂,1970年)14頁以下。

篠塚昭次=月岡利男「対抗問題の原点」篠塚昭次『論争民法学4』(成文堂,1977年)351頁以下。

鎌田薫「不動産二重売買における第二買主の悪意と取引の安

〔18〕 可以结合最近关于撤销和登记的学界争论。

〔19〕 川井健『不動産物権変動の公示と公信』(日本評論社,1990年)。

〔20〕 但是,滝沢聿代『物権変動の理論』(有斐閣,1987年)对此持反对意见,强调应对登记懈怠者进行制裁。虽然在理论构造上采取了与公信力说近似的法定取得说(失去权利说)的观点,但在结论上,与铃木教授和星野教授的观点别无二致。

全——フランスにおける判例の『転換』をめぐって」比較法学9巻2号(1974年)31頁以下。

川井健『不動産物権変動の公示と公信』(日本評論社,1990年)。

石田喜久夫『物権変動論』(神戸大学研究双書刊行会,1979年)。

星野英一「物権変動論における『対抗』問題と『公信』問題」法学教室38号(1983年)6頁(星野英一『民法論集(第六巻)』(有斐閣,1986年)123頁)以下。

好美清光「物権変動論をめぐる現在の問題点」書斎の窓299号(1980年)2頁以下。

鷹巣信孝『物権変動論の法理的検討』(九州大学出版会,1994年)。

CHAPTER 05 >>

第五章

背信恶意人

第一节　绪　论

1. 对于未经登记不得对抗的第三人范围，旧民法规定了客观要件和主观要件，客观要件是指“第三人须为从相同的出让人手中取得同一不动产权利且完成登记的人”，主观要件是指“第三人须为善意”。而现行民法第177条仅规定了“第三人”。民法起草人之一的穗积陈重就此作出说明，他认为登记是基于公益的公示方法，如果不能保证登记的绝对效力，就无法发挥登记本来的功能，故不附加善意和恶意的修饰。[1]《不动产登记法》第5条（旧法第4、5条）规定实施欺诈或胁迫妨碍登记申请的第三人以及有义务为他人提出登记申请的人不能主张权利人未完成登记，之所以设置这样的规定，是因为民法第177条未

〔1〕 法典調査会『民法議事速記録（第二巻）』（法務図書館，1976年）264頁。

区分第三人的善意和恶意,实践中会产生弊端。[2] 之后的大部分判例和学说观点认为,登记制度是通过形式上统一地确定权利是否存在及权利的优劣关系,为保障交易安全而设立的公益制度,而且比较难以区分第三人是恶意还是善意,如果区分第三人的善意和恶意,将导致诉讼频发,使法律关系变得错综复杂,从恶意人手中取得权利的转得者的利益也将受到威胁,故不应区分善意和恶意。

2. 对此,有学者从很早开始便提出了排除恶意人的观点,该观点认为登记制度之所以存在,是因为通过保护对登记的信赖可以保障交易安全,故实际上不信赖登记的恶意第三人不能获得保护;既然限制了第三人的范围,若依然保护恶意人,将导致前后矛盾;因为一般推定第三人为善意,即便排除恶意人,也不会导致诉讼变得复杂,所以通过登记以外的方法知道未经登记物权变动之存在的恶意第三人无权主张权利人未完成登记的事实。[3] 此外,也有学者认为,即使不区分善意和恶意,也不应保护以加害他人为目的而实施相应行为的第三人(害意者排除说、背信恶意人排除说),还有学者认为只应当保护善意无过失的第三人(恶意有过失者排除说、公信力说)。

这个问题关系到如何理解登记制度的目的以及自由竞争的界限这一根本问题,以及区分第三人善意和恶意是否会导致权利关系变得错综复杂、助长登记懈怠风气,从而扰乱不动产交易市场这一法律政策上的问题;也关系到不区分第三人善意和恶意,是否无法保证当事人之间的公平等解决具体纠纷的结论正当性问题。这些问题复杂交织决定着学说的对立状态将依然持续存在。

---

〔2〕 法典調査会『不動産登記法案議事筆記(第一卷)』(日本学術振興会,1939年)32丁·34丁。

〔3〕 舟桥諄一「登記の欠缺を主張し得べき『第三者』について」菊井維大編『加藤正治還曆祝賀論文集』(有斐閣,1932年)639頁以下等。

第二节 判例的发展

1. 判例在民法实施以后，始终坚持不区分善意和恶意的立场，自大审院民事连合部1908年12月15日判决[4]明确第三人系“主张权利人未完成登记具有正当利益的人”，采取限制第三人范围的观点后，判例上主要围绕第三人是否“具有主张权利人未完成登记的正当利益”这一客观要件展开讨论，除少数例外情况，[5]判例上依然坚持不区分善意和恶意的立场，这种状况直至20世纪50年代才逐渐发生变化。

最高裁判所1956年4月24日判决（①）[6]指出，“第三人就主张未完成登记不具有正当利益的情形包括，根据旧《不动产登记法》第4、5条的规定，第三人无权主张未完成登记的情形，以及其他类似于这种情形，主张未完成登记违反诚实信用原则的情形”，明确了背信恶意人排除说的一般理论，最高裁判所1957年6月11日判决（②）[7]采用了同样的观点。之后，判决①的再上告审判决（③）[8]指出，已经将不动产作为未完成登记的受让人的财产而征收财产税，而后又将其作为登记

---

〔4〕 大審院1908年12月15日連合部判決，大審院民事判決録14輯1276頁。我妻栄『聯合部判決巡歴Ⅰ』（有斐閣，1958年）125頁、好美清光「第三者の範囲」加藤一郎＝森島昭夫編『不動産取引判例百選（第2版）』（有斐閣，1991年）44頁等。

〔5〕 大審院1934年3月6日判決，大審院民事判例集13巻230頁；我妻栄「不動産の対抗問題に於ける第三者」民事法判例研究会『判例民事法（昭和9年度）』（有斐閣，1941年）；石田文次郎「民法第百七十七条の第三者」法学論叢31巻4号（1934年）753頁；大審院1936年1月14日判決，大審院民事判例集15巻89頁等。

〔6〕 最高裁判所1956年4月24日判決，最高裁判所民事判例集10巻4号417頁；白石健三「判例解説」『最高裁判所判例解説・民事篇（昭和31年度）』（法曹会，1957年）53頁、末川博「国税滞納処分による不動産差押と登記」民商法雑誌34巻6号（1957年）965頁、杉村章三郎「国税滞納処分による差押と民法177条と第三者」法学協会雑誌74巻3号（1957年）352頁、鈴木禄弥「判批」判例評論6号（1956年）14頁。

〔7〕 最高裁判所1957年6月11日判決，最高裁判所裁判集民事26号859頁。

〔8〕 最高裁判所1960年3月31日判決，最高裁判所民事判例集14巻4号663頁；白石健三「判例解説」『最高裁判所判例解説・民事篇（昭和35年度）』（法曹会，1961年）；石田喜久夫「国が民法177条の第三者にあたらない場合」民商法雑誌43巻3号（1960年）464頁（石田喜久夫『民法第一七七条の判例』（成文堂，1984年）151頁）；林良平「判批」法学論叢68巻2号（1960年）99頁等。

名义人即出让人的财产,对该登记名义人实施滞纳处分,将不动产扣押并进行公开拍卖的国家,“不属于主张未完成登记具有正当利益的第三人”,故否定了依公开拍卖处分的所有权变动效力,在前述大审院连合部判决确立的框架内提出了排除背信恶意人的方向。最高裁判所1961年4月27日判决(④)[9]认为,第二买受人是为了报复未完成登记的第一买受人,以明显低廉的价格买入涉案不动产并办理了登记,因第二个买卖合同违反公序良俗无效,故第二买受人不属于第177条的第三人。最高裁判所1965年12月21日判决(⑤)[10]认为,虽然民法第177条未区分第三人的善意和恶意,但是即便不存在旧《不动产登记法》第4条或第5条明文规定的情况,至少达到相同程度的背信恶意人不属于民法第177条的第三人。最高裁判所1967年5月25日判决(⑥)[11]最终运用背信恶意人排除法理否定了对第三人的保护。

然而,判决①仅提出了一般性的说明,判决③并没有主要讨论这个问题,所以未在裁判要旨中明确态度。判决④并没有采取当时下级裁判所判例及学说上大力提倡的背信恶意人排除说的观点,而是依据民法第90条进行裁判。判决⑤虽然采用了背信恶意人排除法理,但就分界线纠纷型案件否定了第三人的背信性,而实际采用背信恶意人排除

---

〔9〕 最高裁判所1961年4月27日判決,最高裁判所民事判例集15巻4号901頁;右田堯雄「判例解説」『最高裁判所判例解説・民事篇(昭和36年度)』(法曹会,1961年)92頁;石本雅男「判批」民商法雑誌45巻5号(1962年)745頁;中元紘一郎「判批」法学協会雑誌80巻1号(1963年)157頁;川井健「不動産の二重売買における公序良俗と信義則」判例タイムズ127号(1962年)15頁(川井健『不動産物権変動の公示と公信』(日本評論社,1990年)39頁);好美清光「不動産二重処分における信義則違反等の効果」手形研究57号(1962年)8頁;吉原節夫「二重譲渡と公序良俗」加藤一郎=平井宜雄編『民法の判例(第二版)』(有斐閣,1971年)46頁;深谷松男「二重譲渡と悪意の第二譲受人」加藤一郎=森島昭夫編『不動産取引判例百選(第二版)』(有斐閣,1991年)166頁等。

〔10〕 最高裁判所1965年12月21日判決,最高裁判所民事判例集19巻9号2221頁;高津環「判例解説」『最高裁判所民事判例解説・民事篇(昭和40年度)』(法曹会,1966年)490頁;好美清光「判批」民商法雑誌55巻2号(1966年)264頁;川島武宜「民法177条にいわゆる『第三者』」法学協会雑誌83巻7=8号(1966年)1201頁;森泉章「判批」判例評論91号(1966年)5頁;槇悌次「民法177条と背信的悪意者」法律時報38巻11号(1966年)105頁等。

〔11〕 最高裁判所1967年5月25日判決,最高裁判所裁判集民事87号815頁。

法理的判决②和判决⑥并没有公开刊登在判例集中，故不由让人产生怀疑，最高裁判所似乎对于适用背信恶意人排除法理并不积极。

2. 在这种背景下，最高裁判所于1968年8月2日作出判决（⑦）[12]："对实际发生的物权变动明显知情的第三人，主张该物权变动未完成登记违反诚实信用原则的，该背信恶意人无权主张该物权变动未完成登记，不属于民法第177条规定的第三人。"本案中，第二买受人明知第一买受人未办理登记，以高价转售给第一买受人取得不当利益为目的，以明显低廉的价格买入涉案山林，第二买受人就主张第一买受人未完成登记不享有正当利益。

自该判决作出以后，未完成登记的物权变动中的和解见证人对出让人强制执行扣押涉案不动产的案件（⑧），[13]密切参与放弃最高额抵押权过程的债务人的法定代表人受让取得放弃后的最高额抵押权以及被担保债权的案件（⑨），[14]对未登记物权变动明显知情的承租人协助出让人放弃受让人办理登记，取得该建筑物的案件（⑩），[15]为未完成

---

〔12〕 最高裁判所1968年8月2日判决，最高裁判所民事判例集22巻8号1517頁；野田宏「判例解説」『最高裁判所判例解説・民事篇(昭和43年度)』(法曹会，1969年)573頁；石田喜久夫「判批」民商法雑誌60巻4号(1969年)543頁(石田喜久夫『民法第一七七条の判例』(成文堂，1984年)164頁)；谷口知平「二重譲渡」柚木馨ほか編『判例演習物権法(増補版)』(有斐閣，1973年)58頁；北川弘治「背信的悪意者——民法一七七条の第三者の範囲」星野英一ほか編『民法判例百選Ⅰ(第1版)』(有斐閣，1974年)126頁；池田恒男「民法一七七条の第三者の範囲——背信的悪意者」星野英一ほか編『民法判例百選Ⅰ(第4版)』(有斐閣，1996年)120頁；湯浅道男「民法一七七条の第三者と背信的悪意者」加藤一郎＝森島昭夫編『不動産取引判例百選(第2版)』(有斐閣，1991年)62頁；鎌田薫「民法177条と背信的悪意者」平井宜雄編『民法の基本判例(第1版)』(有斐閣，1986年)44頁。

〔13〕 最高裁判所1968年11月15日判決，最高裁判所民事判例集22巻12号2671頁；千種秀夫「判例解説」『最高裁判所判例解説・民事篇(昭和43年度)』(法曹会，1969年)1049頁；本城武雄「判批」民商法雑誌61巻3号(1969年)450頁；金山正信「判批」判例評論123号(1969年)32頁。

〔14〕 最高裁判所1969年年1月16日判決，最高裁判所民事判例集23巻1号18頁；野田宏「判例解説」『最高裁判所判例解説・民事篇(昭和44年度)』(法曹会，1970年)1頁；吉原節夫「判批」民商法雑誌61巻6号(1970年)1023頁；星野英一「判批」法学協会雑誌87巻6号(1970年)749頁。

〔15〕 最高裁判所1969年4月25日判決，最高裁判所民事判例集23巻4号904頁；鈴木重信「判例解説」『最高裁判所判例解説・民事篇(昭和44年度)』(法曹会，1970年)308頁；石田喜久夫「登記の欠缺を主張できない背信的悪意者の例」民商法雑誌62巻5号(1970年)907頁(石田喜久夫『民法第一七七条の判例』(成文堂，1984年)172頁)。

登记的让与担保债权人放弃最高额抵押权的人撤销该放弃决定的案件(⑪),[16]均相继采用了背信恶意人排除法理。从这种意义上来说,虽然判决⑦采纳了判决①和判决⑤的一般性说理,但是其属于最早将该一般说理适用于具体案件否定第三人背信性的判决,系确立背信恶意人排除法理的先例。

第三节　背信恶意人排除说的意义及其问题点

一、背信恶意人的含义

1. 判例认为,"对实际存在物权变动的事实明显知情的人"为恶意人,且"提出该物权变动未具备登记的主张违反诚实信用原则的",该"背信恶意人"不属于民法第177条规定的第三人。因此,仅满足第三人恶意的要件,尚不足以将其排除在第三人范围之外(以不区分善意和恶意为前提),对背信恶意人排除法理的批判也主要集中在单纯恶意人与背信恶意人的区分标准的模糊性上。因此,有必要明确第三人除满足恶意要件外,尚需满足何种条件才能够认定第三人具有背信性。

对此,有学者对包括下级裁判所判决在内的诸多判决进行了类型化的梳理,[17]总结出如下具有代表性的案件类型:(1)第三人实质上与出让人为同一人,或具有近亲属等亲密关系的人,被认为是"出让人的傀儡"的情形;(2)第三人系未完成登记的物权变动的居间人、证人等满足《不动产登记法》第5条第2款规定的人(判决⑧⑨);(3)第三人系妨碍权利人完成登记的帮助者等满足《不动产登记法》第5条第1款规

〔16〕 最高裁判所1970年2月24日判决,判例時報591号(1970年)59頁。

〔17〕 北川弘治「民法一七七条の第三者から除外される背信的悪意者の具体的基準」判例評論120~123号(1969年)等。

定的人(判决⑩);(4)第三人系对未完成登记的权利人实施加害行为或具有非法获利的不当目的的人(判决④⑦);(5)第三人承认未经登记的物权变动而又提出相矛盾的主张(判决①③)。[18]

但是,依最近备受关注的判例分析:若第三人与出让人之间存在特殊关系,第三人相当于第一个合同的准当事人时,可以直接将其排除,而无须满足恶意要件;在决定是否保护不属于准当事人的第二受让人时,应判断其取得权利的过程是否正当,获得保护的前提是须满足善意要件,不管哪一种情形,"背信恶意"的概念都没有发挥应有的作用。[19]虽然有学者对上述判例分析提出异议,但不得不说学界已经普遍意识到背信恶意和单纯恶意的区分标准过于模糊,在最近的下级裁判所的判决中体现得尤为明显。

但是,之后最高裁判所在不动产让与担保物权因被担保债权清偿而消灭后,让与担保物权人将涉案不动产出让给恶意第三人的案件中,作出判决:"如果该第三人属于背信恶意人另当别论,若不属于背信恶意人,只要让与担保物权的设定者没有完成登记,便不能向该第三人主张所有权。"[20]该判决因就让与担保的法律构成采取所有权发生变动的法理,以及坚持明确区分单纯恶意人和背信恶意人的立场而备受关注。[21]

---

〔18〕 判断是否存在这些情况时,对价是否相当、是否支付了对价、占有的归属等成为重要的判断因素。

〔19〕 松岡久和「判例における背信的悪意者排除論の実相」奥田昌道等編『林良平先生還暦記念論文集・現代私法学の課題と展望(中)』(有斐閣,1982年)65頁以下。

〔20〕 最高裁判所1987年11月12日判決,判例時報1261号(1988年)71頁;新美育文「譲渡担保権消滅後の譲渡担保権者による目的不動産の処分と民法177条」判例タイムズ667号(1988年)44頁;福岡右武「譲渡担保権者から譲渡担保権消滅後に目的不動産を譲り受けた者と民法一七七条の第三者」判例タイムズ706号(1989年)30頁;竹内俊雄「判批」金融・商事判例796号(1988年)48頁;魚住庸夫「譲渡担保権者から譲渡担保権消滅後に目的不動産を譲り受けた者と民法177条の第三者」ジュリスト903号(1988年)74頁;湯浅道男「譲渡担保権消滅後の目的物の譲受人」星野英一ほか編『民法判例百選Ⅰ(第三版)』(有斐閣,1989年)204頁;野口恵三「譲渡担保権者から譲渡担保権消滅後に目的不動産を取得した者は民法177条の第三者にあたるか」NBL405号(1988年)52頁。

〔21〕 参见最高裁判所2006年1月17日判決,最高裁判所民事判例集60巻1号27頁以及本书第167页(原著对应页码——译者注)的内容。

2.学说上赞成背信恶意人排除法理的占压倒性的多数,但其具体内容不尽一致。概括而言,早期的背信恶意人排除说将恶意人原则上排除在第177条的第三人范围之外,仅在不信赖登记而实施的行为不违反诚实信用原则的情况下,例外地通过第177条保护恶意人(牧野英一说、舟桥谆一旧说)。此观点提出后不久,有学者将此观点确立的原则与例外对调,恶意人原则上受第177条的保护,仅在背信恶意的情况下,将其排除在第三人范围之外(舟桥说等),成为学界的通说。近年来,学界有力的观点认为,应着重讨论第三人的行为在客观上是否属于值得法律保护的正当交易行为,第三人善意或恶意的主观心理状态是判断其是否违反诚实信用原则的一个因素(川井说、好美说)。也有学者认为,如果进一步推进上述观点,则应当综合考虑未完成登记的权利人与第三人的情况,客观判断第三人是否具有背信性,[22]这样可能会得出与传统的背信恶意人排除法理不同的结论。比如,存在过失的善意人有可能被认定为背信恶意人,[23]对于未完成登记的第一受让人已经实际居住或开始经营活动的土地,第二买受人未实地调查而购买的,因具有重大过失而被认定为背信恶意人。[24] 此外,也有学者提出了恶意人排除说及善意有过失者排除说(公信力说)等有力观点,问题的讨论变得越来越错综复杂,故有必要明确区分不同观点的理论构造差异与实质的价值判断的差异,展开冷静的分析。

二、善意转得者的保护

1.不区分善意和恶意的观点认为,若区分第三人的善意和恶意,恶

〔22〕 水本浩「不動産物権変動における利益衡量」星野英一編集代表『私法学の新たな展開:我妻栄先生追悼論文集』(有斐閣,1975年)269頁以下参照。

〔23〕 川井健「不動産物権変動における公示と公信」川井健『不動産物権変動の公示と公信』(日本評論社,1990年)23頁。

〔24〕 広中俊雄『物権法(第二版増補)』(青林書院,1987年)108頁。

意人的转得者将无法获得保护,法律关系将变得复杂,交易安全亦将受到威胁。所以有学者对前述判决④提出批判,虽然恶意的第二买受人不应获得保护,但以第二买卖合同因违反公序良俗无效为由,否定从第二买受人手中善意取得权利的转得者的利益,难谓恰当。[25] 作为既能使恶意人无法获得保护,又能保障善意转得者利益的理论,背信恶意人排除说受到学界关注,迅速成为有力观点。

实际上,最高裁判所 1966 年 10 月 29 日判决[26]已经指出,即使背信恶意人无权主张第一买受人未完成登记,第二个买卖合同本身也不会因此无效,因此,背信恶意人的转得者是否属于第 177 条规定的第三人,应在转得者与第一受让人之间进行判断,若相对于第一受让人而言,转得者不属于背信恶意人,则有权向第一受让人主张自己已经取得不动产的所有权。多数学者也认为,按照诚实信用原则的要求,背信恶意人只是无权主张未登记权利人尚未完成登记,但并没有因此否定背信恶意人取得了相应权利,故转得者也能够继受取得物权,只要转得者提出未完成登记的主张没有违反诚实信用原则的要求,就应当受到第 177 条的保护。[27] 此外,也有学者通过适用或借用债权人撤销权的解释法理(相对无效说),主张未完成登记的权利人只能对背信恶意人主张物权变动。[28] 也有学者认为,背信恶意人是完全的物权取得者,仅对未完成登记的权利人负担所有权移转债务和变更登记债务(基于侵权

〔25〕 本案中,转得者并非上告审的当事人,没有成为最高裁判所的判断对象,但本案存在恶意的第二买受人为其在不动产上设定抵押权的人。

〔26〕 最高裁判所 1996 年 10 月 29 日判决,最高裁判所民事判例集 50 卷 9 号 2506 頁。瀬川信久「民法一七七条の第三者の範囲——背信的悪意者からの転得者」星野英一ほか編『民法判例百選Ⅰ(第五版)』(有斐閣,2005 年)124 頁、鎌田薫「背信的悪意者からの転得者と民法 177 条の第三者(最判平 8.10.29 民集 50 巻 9 号 2506 頁)」法律時報別冊『私法判例リマークス16 号』10 頁(本书"第六章")、鎌田薫「背信的悪意者からの転得者と民法一七七条—背信的悪意者からの転得者は自己の権利取得を未登記第一譲受人に対抗できるか」法学教室増刊『民法の基本判例(第 2 版)』(1999 年)45 頁等。

〔27〕 川井健「不動産の二重売買における公序良俗と信義則」判例タイムズ127 号(1962 年)21 頁(川井健『不動産物権変動の公示と公信』(日本評論社,1990 年)55 頁)等。

〔28〕 舟橋諄一『物権法』(有斐閣,1960 年)185 頁等。

行为的原状恢复义务)。[29] 还有学者以否认权说为前提,认为背信恶意人行使否认权属于权利滥用,但背信恶意人的转得者有权行使否认权。[30] 还有学者认为,背信恶意人系不享有任何权利的人,应通过第94条第2款的类推适用法理保护善意转得者。[31] 此外,认为第二受让人取得权利的根据在于登记具有"公信力"的观点,同样援用登记具有"公信力"保护恶意人的转得者。[32]

由此可见,判例和学说无一例外,均承认应保护背信恶意人的善意转得者,结论本身是合理的。换言之,如果背信恶意人的转得者属于背信恶意人,则无法获得保护。但是,转得者满足怎样的条件属于背信恶意人,尚未进行深入讨论。一般而言,背信恶意人的判断标准也能够适用于转得者,而且如果转得者明知前一出让人系背信恶意人,则该转得者也属于背信恶意人。但是,如果采用这样的解释,希望取得不动产的人经过详细调查发现存在未完成登记的第一受让人以及已完成登记的背信恶意人即第二受让人,实际上就会放弃取得该不动产。[33] 早期的学说[34]之所以不区分善意和恶意,或许就是为了避免区分善意和恶意阻碍不动产的交易。所以转得者仅明知出让人系背信恶意人取得标的物的,不能直接认定为背信恶意人。对此,当采取恶意人排除说及善意有过失者排除说时,将面临更为深刻的问题。

2. 假如与上述情况完全不同,完成登记的第二受让人为善意而转得者具有背信性的,应如何考虑呢?

既然是分别考察权利人与背信恶意人、背信恶意人的转得者之间

---

〔29〕 好美清光「不動産の二重処分における信義則違反等の効果」手形研究57号(1962年)12頁等。

〔30〕 柚木馨=高木多喜男『判例物権法総論(補訂版)』(有斐閣,1972年)249頁。

〔31〕 槙悌次『物権法概論』(有斐閣,1984年)95頁等。

〔32〕 篠塚昭次『民法セミナーⅡ』(敬文堂,1970年)100頁以下等。

〔33〕 从第一个受让人手中取得不动产,很难完成登记,而从第二个受让人手中取得该不动产,将会被认定为背信恶意人。

〔34〕 现在的判例和通说也基本上持同样的观点。

的关系，那么上述情况也应采取这种思路。正如适用第94条第2款、第96条第3款以及其他保护善意人的规定所遇到的问题那样，如果不保护善意人的恶意转得者，恶意转得者追究善意人的追夺担保责任填补自己损失的，最终善意人面临承担损失的风险。东京高等裁判所1982年8月31日判决[35]认定善意的第二受让人的转得者为背信恶意人，不享有任何正当利益主张第一受让人未完成登记，但与此同时，该判决认为背信恶意的转得者不能追究出让人的瑕疵担保责任，提出了慎重的解决方案。

但是如果轻易认定转得者具有背信性，只要越来越慎重地调查不动产的权利关系，权利取得就变得越发困难。而且，在这种情况下，即使前一受让人是善意的，从未完成登记的第一受让人处取得标的物，也没有可能取得完整的所有权，故有必要采取比背信恶意人的转得者的情况更谨慎的态度，除在第二出让行为完成时间节点，转得者实际参与的情形外（比如利用善意的第二受让人的“傀儡”身份来掩饰自己的背信性），应尽量避免将转得者认定为背信恶意人，将其排除在应受保护的第三人范围之外。如果采用恶意人排除说或善意有过失者排除说得出上述结论，相比相对性的理论构成，毋宁采用绝对性的理论构成，针对具有明显恶意的转得者，根据禁止权利滥用原则或诚实信用原则提出具体的解决方案，此种做法面临的困境相对较少。

〔35〕 東京高等裁判所1982年8月31日判决，下級裁判所民事裁判例集33巻5＝8号968頁、内田勝一「民法判例レビュー・不動産」判例タイムズ493号（1983年）113頁、滝澤聿代「民法判例レビュー・不動産」判例タイムズ499号（1983年）125頁、石外克喜「判批」判例評論299号（1984年）23頁、椿寿夫＝松野民雄「判批」法律時報55巻8号（1983年）143頁、吉原節夫「判批」民事研修329号（1984年）9頁、内田勝一「不動産の二重譲渡における善意の第2譲受人から当該不動産を転得した背信的悪意者と民法177条」判例タイムズ505号（1983年）28頁、鎌田薫「背信的悪意者排除論の相対的適用」法学セミナー351号（1984年）48頁。

第四节　遗留课题

1. 第三人主观要件的问题首先与依法受到保护的正当交易行为的范围问题相关。对此,判例和通说一致认为,“自由竞争原理”允许恶意的第二受让人的存在,但对此持否定意见的恶意人排除说和善意有过失者排除说(公信力说)的观点逐渐占据有力地位,正如前文所述,在采用背信恶意人排除说的观点中,也有观点主张应限定自由竞争的范围,可见今后有必要从多角度展开进一步的讨论。

比如,对于判例和通说在认定背信恶意时必不可少的要件“恶意”,一般认为,仅对债权合同即买卖合同的成立知情尚不足以认定“恶意”,必须对存在物权变动知情,理由在于,相比物权阶段,债权阶段更加重视“自由竞争原理”,缔结内容上不能并存的合同是完全自由的,此阶段的债权之间没有优劣之分。但是,这样将不当地迫使第三人对物权变动发生的时期作出微妙的判断,而且容易让人误以为,只要不发生物权变动,就可以自由地缔结侵害他人合同上权利的合同。外国法上,根本无须否定侵害他人合同权利的合同之法律效力,而是通过剥夺其不当获利来实现对他人的实质保护。[36] 在我国,第一个买卖合同缔结以后,虽然出价更高的买受人缔结第二个买卖合同符合“自由竞争原理”的要求,但是第一个买受人在第二个买受人完成登记前,不仅可以要求出卖人强制履行登记协助义务,使第二个买卖合同丧失实效性,而且即便第二买受人先办理登记,也可以请求出卖人承担自第一个买卖合同履行不能时或口头辩论结束时标的物价值的损害赔偿义务,剥夺出卖人通

〔36〕 参见吉田邦彦『債権侵害論再考』(有斐閣,1991年)、磯村保「二重売買と債権侵害——『自由競争』論の神話」神戸法学雑誌35巻2号(1985年)385頁・36巻1号(1986年)25頁・2号(1986年)289頁等。

过第二个买卖合同的获利。因此，在日本法上，即使第二个买受人以高于第一个买卖合同的价格购买标的物，出卖人也不可能从第二个买卖合同中获得额外的利益。[37] 在这种背景下，是否依然可以根据自由竞争原理，为恶意的第二个买卖合同提供积极的保护，存在疑问。另外，虽然民法采取了物债二分的体系，但正因为有必要对特定物的债权人提供与物权取得者相同程度的保护，所以设立了能够公示特定物债权存在的临时登记制度。因此背信恶意人排除说或恶意人排除说[38] 根据未完成登记的第一受让人属于物权取得者还是特定物债权人，采取不同的处理方式的做法，值得深刻反省。

2. 判例和通说之所以不区分第三人的善意和恶意，另外一个理由是保障"交易的安全"。例如，有泉博士认为，民法第 177 条并不是用来解决如何保护信赖登记的第三人利益这一具体的问题，而是从更广泛的角度梳理交易关系，明确其中的权利关系，以此来保障交易的安全和迅捷，从整体上来说，即便未信赖登记的第三人获得了该条的保护，也并不意味着埋没了本条的价值，它只不过是"必要之恶"，"从保护交易的整体立场出发，需要我们采取形式上统一的处理方式，而不应区分第三人的善意和恶意"。[39] 另外，星野教授也认为，对抗要件主义的目的在于对未完成登记的权利人进行制裁，保护第三人的目的与对抗要件主义这一法律手段存在龃龉。[40]

此种观点持有的共通认识是，如果区分第三人的善意和恶意，不去办理登记的人将会增加，导致交易市场的混乱。但是，在登记制度确立

---

〔37〕 从实质上和经济层面否定"破坏合同的自由"。

〔38〕 至少肯定恶意的第二受让人的侵权责任。

〔39〕 有泉亨「民法第一七七条と悪意の第三者」法学協会雑誌 56 巻 8 号(1938 年)86 頁。但是，该文第 91 页以下类推适用旧《不动产登记法》第 4、5 条(现行法第 5 条第 1、2 款)将背信恶意人排除在第三人的范围外。

〔40〕 星野英一「物権変動論における『対抗』問題と『公信』問題」星野英一『民法論集(第六巻)』(有斐閣，1986 年)151 頁等。

的初期,或许为了巩固登记制度的地位而重视制裁功能,但在登记习惯已经牢固确立的今天,信赖登记者获得保护的原则得以确立,没有必要为了保护恶意人的利益而牺牲未完成登记的权利人的利益。区分第三人的善意和恶意的确能够导致诉讼频发,扰乱市场秩序。但是,在通谋的虚伪意思表示的情况下,使恶意人丧失权利,也需要满足第三人善意的要件,而在权利人未及时完成登记时,权利人不存在足以能够使其丧失权利,从根本上颠覆其生活或经营活动的非难可能性。

3. 尽管如此,还需要考虑如下几点内容。比如,C 因经营上的需要,无论如何也必须取得甲土地,经调查权利关系,发现登记名义人 A 已经就甲土地与 B 缔结了买卖合同。C 向 A、B 二人确认情况,A 告诉 C,A 和 B 之间的买卖合同因欺诈而被撤销,[41]或者即使有效也能够被合法解除,而 B 告诉 C,该合同完全有效,并且已经支付了价金。在这种情况下,C 即便从 B 手中买入甲土地,也很难完成登记,而从 A 手中买入甲土地,可能会被认定为恶意人而无权主张 B 未完成登记,所以 C 不得不放弃取得甲土地开展经营活动的计划。而如果 C 不经任何调查从 A 手中购买甲土地而能够被认定为善意人获得保护,则显得非常奇怪。[42]

为了消除上述弊端,要么采取不区分善意和恶意的观点,要么采用背信恶意人排除的观点,严格认定背信性要件,要么采用恶意人排除说或恶意有过失者排除说,对"恶意"进行限定解释。可以对"恶意"作如下限定解释。按照现在确定的用法,善意和恶意单纯指"不知"或"知"的事实状态,并不涉及任何的价值判断。[43] 但是,"善意"一词翻译自拉丁语"bona fides",从该拉丁语具有"诚实信用原则"的含义可知,其

---

〔41〕 本书原文表述是"因意思表示错误而无效",2019 年日本民法修改后,意思表示错误的效力不再是无效,而是变为"可撤销"。

〔42〕 面临与前文提及的转得者保护相同的问题。

〔43〕 但是,善意占有和恶意占有的区分是以是否确信具有正当权限为标准的。

原本暗含着“不得违反诚实信用原则”的价值判断。[44] 因此,如果从观念上来说交易是正当的,即使知道第一个买卖合同的存在,也应认为第二个买受人是善意的,当无法肯定交易受法律保护时,即使未能举证证明第二个买受人对第一个买卖合同的存在知情,也应当被认定为恶意。

本书基于上述考虑,采用恶意人排除说的观点,[45]这种观点实质上与最近以川井说、好美说、广中说为代表的背信恶意人排除说的观点几乎相同。因此,与其在特殊的意义上使用广泛承认的善意和恶意概念,毋宁直接采用背信恶意人排除说的观点,但本书并没有局限于本章讨论的问题,而是从整个民法体系的角度,认为应将诚实信用原则的价值判断纳入善意和恶意的概念体系,故坚持选择了“恶意人排除说”的称谓。但是,无论如何,不应仅将目光停留在观点的称谓和理论构造的差异上,应充分结合不动产交易受何种法律原理的支配、登记制度应发挥怎样的功能等实质的价值判断争议,来理解这个问题。

4. 这样便可以将(背信的)恶意人排除在民法第 177 条保护的第三人范围之外。结合过去针对“未经登记不得对抗的物权变动”范围的讨论以及针对“未经登记不得对抗的第三人”的客观要件的讨论可知,根据第 177 条对第三人进行保护的典型情况是,已取得不动产物权的人在本能够完成登记时未完成登记,对未完成登记的物权变动的存在不知情[46]的第三人取得了同一不动产之上无法并存的权利,并完成登记的情况。

几乎与背信恶意人排除的判例法理的确立处于同一时期,第 94 条第 2 款的类推适用的判例法理得以确立,因真正的权利人的意思导致

---

〔44〕 法国法上,一般在采用恶意人排除说的前提下,判断对第一个让与行为的存在“知情”是否构成“恶意”的问题[鎌田薫「不動産二重売買における第二買主の悪意と取引の安全」比較法学 9 巻 2 号(1974 年)31 頁以下参照],结合与诈害行为撤销权的关系,即使无偿取得者不知道侵害债权人的利益,也通常会被认定为“恶意”。

〔45〕 既可以称之为“善意有过失者排除说”,也可以称之为“公信力说”。

〔46〕 至少坚定地相信出让人具有正当的处分权限,从交易观念上来说,这种信赖是正当的。

不真实登记状态出现或放任该状态存在的,真正的权利人不能向误信虚假登记为真实登记而取得法律上利害关系的第三人,主张该登记为不真实的登记。〔47〕

这两种判例法理分别从积极和消极两个层面,实现了对信赖登记的第三人利益的保护,但两个判例法理在保护第三人要件上存在微妙的差异,如何调整两者的适用范围成为亟待解决的课题。〔48〕根据判例和通说的观点,在解决有效发生的物权变动是否能够对抗第三人时(对抗问题),适用第177条的规定,而在判断无权利人的继受人是否可以基于对登记的信赖有效取得权利时(公信问题),适用第94条第2款的类推适用法理,两者的适用范围不可能出现重复。〔49〕

但是,对抗问题与公信问题的区分未必明确。例如,关于后述的"法律行为的撤销与登记"以及"继承与登记"的问题,将其解释为"对抗问题"还是"公信问题",学说上存在分歧。而且,在A将所有权二重让与B和C,第一个受让人B完成所有权保全的临时登记时,接受委托完成登记手续的司法书士办理了抵押权设定登记和根据附停止条件的代物清偿合同办理了所有权移转请求权保全的临时登记的案件中,最高裁判所1970年11月19日判决〔50〕适用表见法理,作出如下判决:"B

〔47〕 川井健「民法九四条二項類推適用論」川井健『物権変動の公示と公信』(日本評論社,1990年)65頁以下参照。

〔48〕 松井宏興「民法九四条二項類推適用論の一考察——特に民法177条との関係について」甲斐道太郎等編『磯村哲先生還暦記念論文集・市民法学の形成と展開(下)』(有斐閣,1980年)85頁以下参照。

〔49〕 关于民法第94条第2款的类推适用法理与承认登记具有公信力的观点之间的差异,奥田昌道「民法94条2項の類推適用」柚木馨ほか編『判例演習民法総則(増補版)』(有斐閣,1973年)274頁以下参照。

〔50〕 最高裁判所1970年11月19日判决,最高裁判所民事判例集24巻12号1916頁;鈴木重信「判例解説」『最高裁判所判例解説・民事篇(昭和45年度)』(法曹会,1971年);玉田弘毅「買主がした代物弁済予約の仮登記等と第三者」民商法雑誌67巻6号(1973年)1038頁;星野英一「民法94条2項・110条を類推適用して登記を信頼した第三者を保護した事例」法学協会雑誌89巻7号(1972年)858頁(星野英一『民事判例研究三1』(有斐閣,1990年)43頁);幾代通「判批」判例評論148号(1971年)14頁;鈴木禄弥=生熊長幸「判批」判例タイムズ260号(1971年)97頁;鈴木重信「民法九四条二項、一一〇条により第三者を保護した事例」星野英一ほか編『民法判例百選I(第三版)』(有斐閣,1989年)60頁;伊藤進「民法九四条二項、一一〇条により第三者を保護した事例」星野英一ほか編『民法判例百選I(第五版)』(有斐閣,2001年)56頁等。

无权对善意无过失的第三人主张该登记与实体权利关系不符，自己是已完成临时登记的所有权人，而不是抵押权人和附停止条件的代物清偿合同的权利人"，虽然可以当作对抗问题来处理，但是在本案中，B 的登记因不符合实体权利关系而无效，C 只要不属于背信恶意人，即使不满足"善意无过失"的要求，也应当可以取得所有权。

此外，伴随着第 177 条的适用情形与第 94 条第 2 款的类推适用情形的实质价值判断因素逐渐接近，学界出现了主张将两者统合的有力观点，[51]故讨论状况依然会发生变化。

参考文献（除文中的参考文献外）

「シンポジウム・不動産物権変動と登記の意義」私法 37 号（1975 年）3 頁以下。

半田正夫『叢書民法総合判例研究第二巻 7・民法一七七条における第三者の範囲（改訂版）』（一粒社，1977 年）。

滝沢聿代「民法一七七条における悪意者の問題」滝沢聿代『物権変動の理論』（有斐閣，1987 年）235 頁以下。

鎌田薫「対抗問題と第三者」星野英一編集代表『民法講座 2』（有斐閣，1984 年）67 頁以下。

半田吉信「背信的悪意者排除論の再検討」ジュリスト813 号（1984 年）81 頁以下。

湯浅道男「背信的悪意者論」石田・西原・高木三先生還暦記念論文集刊行委員会編『石田喜久夫・西原道雄・高木多喜男先生還暦記念論文集・不動産法の課題と展望（上巻）』（日本評論社，1990 年）77

〔51〕 参见川井健『物権変動の公示と公信』（日本評論社，1990 年）15 頁以下；半田正夫「不動産登記と公信力」星野英一編集代表『民法講座 2』（有斐閣，1984 年）227 頁以下以及该文的参考文献。

頁以下。

松岡久和「民法一七七条の第三者・再論」前田達明等編『奥田昌道先生還暦記念・民事法理論の諸問題(下巻)』(成文堂,1995年)185頁以下。

松岡久和「背信的悪意者排除説と判例(判例分析民法)」法学教室324号(2007年)71頁・325号(2007年)136頁。

石田剛「登記がなければ対抗することができない第三者」鎌田薫=寺田逸郎=小池信行編『新不動産登記講座Ⅱ』(日本評論社,1998年)25頁以下。

CHAPTER 06 >>

第六章

背信恶意人的转得者与民法第177条中的第三人

第一节　绪　论

关于民法第177条中“第三人”的范围，自1908年12月15日大审院民事连合部判决[1]以后，判例上采取“第三人限制说”的观点，将第三人限定为“主张未完成登记具有正当利益的人”。依此观点，须从客观要件和主观要件具体判断第三人的范围，前者关注第三人在不动产之上享有何种权利，后者关注第三人对未完成登记的物权变动的存在是否知情。

关于第三人的主观要件，民法起草者采取不区分第三人善意和恶意的观点，早期的判例也采用同样的观点。但在20世纪60年代以后，判例上确立了“背信恶意人排除法理”，对“实际上发生物权变动的事实”知情构成恶意，且“提出上述物权变动未完成登记

〔1〕 大審院1908年12月15日民事連合部判決，大審院民事判決録14辑1276頁。

的主张违反诚实信用原则的"构成背信恶意,该背信恶意人就主张未完成登记不享有正当利益,不属于民法第177条的第三人。[2] 该观点迅速成为通说。

采用此种解释,需要解决两方面的问题:第一,除"恶意"外,何种情况应被认定为"背信恶意";第二,如何保护背信恶意人的善意转得者的利益。对于前者,有待于判例的积累;对于后者,虽然从过去开始就一直受到各界的关心,但在本章讨论的判决出现之前,最高裁判所并未从正面回应这个问题。

这次要讨论的最高裁判所第三小法庭1996年10月29日判决是最早就背信恶意人的善意转得者的利益保护问题作出判断的公开判例,而且也是关于如何认定背信性非常耐人寻味的判决,受到学界的关注。

第二节　事实概要与裁判要旨

一、事实概要

1.1955年3月,X市为了对车站前进行整顿,需要建造供货物进出的道路,为此X市从A手中买入本案土地,并在同年度的失业对策工作进展中,进行了填土作业,之后于1969年修建了排水沟渠,铺设了下水管道,对路面铺设了沥青,1979年设置了城市道路金属标识。本案土地最迟须于1969年7月作为X市所有的城市道路供一般市民通行,附近居民也知道本案土地将作为城市道路使用,但因为分笔登记手续出现差错,X市迟迟没有完成自己所有名义的登记,根据道路法作出区划决

〔2〕 最高裁判所1965年12月21日判决,最高裁判所民事判例集19卷9号2221頁;最高裁判所1968年8月2日判决,最高裁判所民事判例集22卷8号1571頁等。

定以及供用开始决定也已经是 1983 年 1 月了。另一方面,因为分笔登记手续出现差错,X 市便根据错误的登记从 1973 年开始向 A 征收固定资产税。

2. 经营 B、C、D 三家公司的 E 听闻 A 为登记名义人且被征收固定资产税,但不知道现在归属的土地将要被出卖,于是在进行现场调查之后,于 1972 年 10 月,以 500 万日元的价格买入,并将所有权登记在 B 公司名下。与此同时,E 与 A 达成约定,若万一无法取得本案土地,不要求 A 返还已经支付的对价。当时,涉案土地若不作为道路使用,其价格约为 6000 万日元。

本案土地的所有权于 1983 年 2 月由 B 公司转让给 C 公司,于 1984 年 7 月由 C 公司转让给 D 公司,并分别办理了所有权变更登记。之后,在 1985 年 8 月 14 日,Y 公司从 D 公司手中买入该土地,并办理了所有权变更登记。〔3〕 Y 公司主张本案土地并非城市道路,在本案土地之上设置了工厂预制的两栋建筑及防护墙。

3. X 市获得临时处分决定撤去上述建筑,并向 Y 公司提出如下请求:①请求 Y 公司协助办理所有权变更登记回复自己的所有权人身份;②确认本案土地系根据道路管理权规划的城市道路用地;③根据所有权和道路管理权,请求 Y 公司撤去妨碍物并交出土地。Y 公司主张上述临时处分的执行系侵权行为,请求 X 市承担损害赔偿责任。

一审判决否定 Y 公司属于背信恶意人,但认定 X 市可以向 Y 公司主张道路管理权限,仅认可了 X 市提出的②③请求。原审判决认定 B 公司系背信恶意人,不能向 X 市主张自己已经取得所有权,经由 C 公司和 D 公司买入本案土地的 Y 公司也不能基于本案土地的所有权对抗 X

〔3〕 据一审判决认定的事实,D 公司、Y 公司之间的买卖对价为 1.5 亿日元,双方达成特殊约定,Y 公司仅支付 1000 万日元的现金,对于差额部分,以本案土地之上的最高额抵押权的担保债务之承担来完成履行,但是既没有通知债务人也没有确认实际的债务额度。

市，认可了 X 市提出的全部请求，驳回了 Y 公司的请求。

二、裁判要旨

部分撤销发回重审，部分驳回。

“B 明知本案土地将作为城市道路供一般市民通行，仍然在 X 市尚未完成所有权变更登记时，以获得不当利益为目的买入本案土地，属于不能主张 X 市未完成登记的背信恶意人。”

“乙从所有权人甲手中购买不动产，未完成登记时，甲将该不动产二重让与丙，丙又将其出卖给转得者丁，丁完成登记的，即便丙属于背信恶意人，只要丁相对于乙而言不是背信恶意人，就可以向乙主张自己已经取得不动产的所有权。但是，(1) 即使丙系背信恶意人，不享有正当利益而无权主张乙未完成登记，也只能说明乙可以不经登记向丙主张自己已经取得所有权，并不会导致甲丙之间的买卖合同无效，因此，丁并不是从无权利人手中购买本案不动产；而且，(2) 之所以将背信恶意人作为不享有正当利益的第三人排除在民法第 177 条的‘第三人’范围之外，是因为在时间上劣后于第一个受让人的买卖合同而取得不动产并完成登记的人，对未完成登记的第一个受让人提出其未完成登记的主张，从其权利取得的过程来看，违反了诚实信用原则，完成登记之人是否可以根据这一法理而被排除在‘第三人’范围之外，需要在完成登记之人与第一个受让人之间进行判断。”

就本案而言，Y 公司系背信恶意人的转得者，因此，尽管 B 公司系背信恶意人，但如果不重新判断 Y 公司是否属于背信恶意人，便不能认定 Y 公司无法基于本案土地的所有权对抗 X 市，故撤销原审判决中关于本案土地所有权变更登记请求的部分，发回原审并就这一部分进一步审理。

因 B 公司属于背信恶意人，X 市即便未完成登记，也能够基于所有权的取得对抗 B 公司,所以不能认为 X 市是在对本案土地不享有任何权限的情况下,而于 1983 年根据道路法作出区划决定和供用开始决定的。因此,本案土地已经作为城市道路开始合法使用,即便在这之后 Y 公司取得了本案土地,X 市因未能完成登记而无权向 Y 公司主张自己已经取得所有权,Y 公司也只不过是取得了受道路法限制的道路用地而已,〔4〕故不管 Y 公司是否取得了本案土地的所有权,享有道路管理权限的 X 市取得临时处分决定撤去本案建筑物,并将本案土地作为城市道路提供使用,不构成侵权。

第三节　先例与学说

一、背信恶意人的排除

1. 判例坚持不区分善意和恶意的原则,认定"对实际上存在物权变动的事实"知情构成恶意,而且"提出该物权变动未完成登记违反诚实信用原则的"构成背信恶意,该背信恶意人不享有主张未完成登记的正当利益,不属于民法第 177 条的第三人。〔5〕

采用此种观点需要解决除恶意外,何种情况下应认定具有背信性的问题。对过去的案件进行梳理,构成背信恶意的主要类型包括:(1)第三人实质上与二重让与人为同一人,或具有近亲属等亲密关系的人;(2)第三人属于未经登记物权变动的居间人等满足《不动产登记法》第 5 条第 2 款规定的人;(3)第三人系妨碍登记的帮助人等满足《不动产登记法》第 5 条第 1 款的人;(4)第三人为了侵害未登记权利人的利

〔4〕 最高裁判所 1969 年 12 月 4 日判决,最高裁判所民事判例集 23 卷 12 号 2407 頁。
〔5〕 最高裁判所 1968 年 8 月 2 日判决,最高裁判所民事判例集 22 卷 8 号 1571 頁等。

益或以谋取不当利益为目的;(5)第三人系承认未经登记的物权变动而又实施与此相矛盾行为的人。

但是,对此,有学者指出,在具体的案件中:(1)第三人与让与人之间存在特殊关系,第三人系第一个合同的准当事人时,便可以直接将其排除,无须满足恶意要件;(2)判断不属于准当事人的第二个受让人是否能够获得保护,应就其取得权利的过程是否正当作出判断,第三人获得保护的前提是须满足善意要件。不管是哪一种情况,背信恶意的概念都没有有效地发挥作用。[6]

2. 绝大多数学说都采用背信恶意人排除说的观点,其中较为有力的观点认为,问题的关键在于从客观上来说第三人的行为是否属于值得法律保护的正当交易行为,第三人是否具有恶意的主观心理状态应作为判断其是否违反诚实信用原则的一个因素,还有学者认为应综合考虑未完成登记的权利人与第三人的具体情况客观判断是否满足背信性。如果采用此种观点,单纯的恶意人或有过失的善意人也有可能被认定为背信恶意人。[7]

此外,公信力说认为只有信赖公示状态的善意或善意无过失的第三人能够获得保护,最近也有学者从所有权侵权或债权侵权的角度[8]或依据"失去权利说"的观点,得出与公信力说相似的结论。[9]

---

〔6〕 松岡久和「判例における背信的悪意者排除論の実相」奥田昌道等編「林良平先生還暦記念論文集・現代私法学課題と展望(中)」(有斐閣,1982年)65頁以下。

〔7〕 川井健「不動産物権変動における公示と公信——背信的悪意者論、民法九四条二項類推適用論の位置づけ」星野英一編集代表『我妻栄先生追悼論文集・私法学の新たな展開』(有斐閣,1975年)306頁(川井健『不動産物権変動の公示と公信』(日本評論社,1990年)23頁)、広中俊雄『物権法(第二版増補)』(青林書院,1987年)108頁、半田吉信「背信的悪意者排除論の再検討」ジュリスト813号(1984年)81頁以下等。

〔8〕 松岡久和「不動産所有権二譲渡紛争について(2・完)」龍谷法学17巻1号(1984年)13頁以下、磯村保「二重売買と債権侵害——『自由競争』論の神話(1)(3)」神戸法学35巻2号(1985年)388頁以下・36巻2号(1986年)315頁。

〔9〕 七戸克彦「対抗要件主義に関するボワソナード理論」法学研究64巻12号(1991年)195頁以下。

二、背信恶意人的善意转得者

1. 最高裁判所1961年4月27日判决[10]的出现使背信恶意人排除说作为判例法理和通说观点得以确立。该判决认为,主要为了对未完成登记的第一个买受人实施加害而缔结的第二个买卖合同违反公序良俗而无效,因此明显恶意的第二个买受人无权主张第一个买受人未完成登记,但该法理也不当地否定了善意转得者的权利取得,于是作为既能否定对恶意的第二受让人的保护,又能保护善意转得者利益的法理,背信恶意人排除说受到学界关注,并迅速成为有力观点。但是,自此之后很少有案件涉及背信恶意人的转得者利益保护的问题,只有大阪高等裁判所1974年7月10日判决、[11]广岛高等裁判所松江支部1974年12月18日判决、[12]仙台高等裁判所1977年2月24日判决、[13]广岛地方裁判所1978年1月20日判决、[14]东京高等裁判所1980年12月15日判决、[15]大阪高等裁判所1981年9月10日判决、[16]东京高等裁判所1982年8月31日判决、[17]福冈高等裁判所1983年11月21日判决、[18]大阪地方裁判所1987年8月27日判决,[19]这些判决虽然都认定提出未完成登记主张的转得者为背信恶意人,却未阐述详细的理由。

2. 绝大多数采用背信恶意人排除说的观点都认为应当保护善意转得者的利益。背信恶意人排除说并不是直接解决所有权归属的问题,

---

〔10〕 最高裁判所1961年4月27日判決,最高裁判所民事判例集15巻4号901頁。

〔11〕 大阪高等裁判所1974年7月10日判決,判例時報766号(1975年)66頁。

〔12〕 広島高等裁判所松江支部1974年12月18日判決,判例時報788号(1975年)58頁。

〔13〕 仙台高等裁判所1977年2月24日判決,訟務月報23巻3号437頁。

〔14〕 広島地方裁判所1978年1月20日判決,訟務月報24巻2号205頁。

〔15〕 東京高等裁判所1980年12月15日判決,判例時報993号(1981年)51頁。

〔16〕 大阪高等裁判所1981年9月10日判決,訟務月報27巻12号2228頁。

〔17〕 東京高等裁判所1982年8月31日判決,判例時報1055号(1982年)47頁、金融・商事判例660号18頁。

〔18〕 福岡高等裁判所1983年11月21日判決,判例タイムズ519号(1984年)158頁。

〔19〕 大阪地方裁判所1987年8月27日判決,判決判例タイムズ663号(1988年)130頁。

而是依据诚实信用原则否定背信恶意人提出未完成登记的主张,然而依据判例和通说的观点,完全不享有任何权利的人不可能属于第 177 条的第三人,所以必须认为第一个受让人在完成登记以前,善意转得者已经从背信恶意人手中有效取得物权,并且基于其物权取得人地位提出第一受让人未完成登记的主张不违反诚实信用原则。对此,学界大致存在如下观点。

(1)类比债权人撤销权的情况,未完成登记的权利人在未完成登记时仅可以向背信恶意人主张物权变动;[20] (2)背信恶意人无权行使否认权,但善意转得者可以行使否认权;[21] (3)背信恶意人只是不能向未办理登记的第一个买受人主张其未完成登记,但并不能因此否定第二个买卖合同的效力;[22] (4)背信恶意人也能够取得完整的所有权,只不过需要对第一个受让人承担所有权移转债务以及变更登记的债务。[23]

3. 以上观点都肯定了物权由背信恶意人移转至转得者(继受取得),但也有采用背信恶意人排除说的学者认为,既然背信恶意人不能对抗未完成登记的权利人,那么背信恶意人的转得者取得权利也不存在法理依据。[24] 认为向背信恶意人转让不动产的合同违反民法第 90 条无效的观点当然可以得出相同的结论,[25] 认为民法第 177 条仅适用于同一出让人二重让与给特定继受人的情形的观点,[26] 也能够得出与

〔20〕 舟橋淳一『物権法』(有斐閣,1960 年)185 頁、半田吉信「背信的悪意者からの転得者と民法 177 条の第三者」ジュリスト1127 号(1998 年)130 頁等。

〔21〕 柚木馨 = 高木多喜男『判例物権法総論(補訂版)』(有斐閣,1972 年)249 頁等。

〔22〕 川井健「不動産の二重売買における公序良俗と信義則——最高裁昭和三六年四月二七日第一小法廷判決をめぐって」判例タイムズ127 号(1962 年)15 頁以下(川井健『不動産物権変動の公示と公信』(日本評論社,1990 年)39 頁以下)、広中俊雄『物権法(第二版増補)』(青林書院,1987 年)105 頁等。

〔23〕 好美清光「不動産の二重処分における信義則違反等の効果」手形研究 57 号(1962 年)12 頁等。

〔24〕 金山正信「判批」判例時報 547 号(1996 年)133 頁(判例評論 123 号(1996 年)35 頁等)。

〔25〕 石田剛「不動産二重売買における公序良俗」前田達明等編『奥田昌道先生還暦記念・民事法理論の諸問題(下)』(成文堂,1995 年)129 頁以下、石田喜久夫「判批」判例時報 1621 号(1998 年)189 頁(判例評論 468 号(1998 年)27 頁)以下。

〔26〕 滝沢聿代「物権変動論のその後の展開(2)」成城法学 52 号(1996 年)186 頁。

此相同的结论。[27] 但是,学界也存在以上述理解为前提,类推适用民法第94条第2款保护善意的转得者利益的观点。[28]

而且,公信力说的观点认为恶意的第二个买受人系不享有任何权利的人,但信赖登记外观的转得者可以通过登记的公信力取得物权,[29] 也有学者类推适用民法第424条关于诈害行为撤销权的规定,通过该条但书规定以及第424条之5[30]实现对善意转得者的保护。[31]

三、道路管理权的对抗

本判决引用的最高裁判所1969年12月4日判决[32]认为,根据供用开始决定实施的公共限制系依《道路法》规定实施的公法上的限制,并非依道路用地的使用权限实施的限制,所以这种公共限制一旦合法成立,即使第二个受让人完成登记使道路用地的使用权限溯及消灭,只要不存在消除公法上限制的事由即废止公共限制的行为,该限制便不会因此消除。对此,有学者认为,因第二个受让人完成登记,道路管理者的土地使用权限以及根据该使用权限开始使用土地的行为均溯及地归于无效,故即使可以根据权利滥用法理否定第二个受让人提出的返还请求,也应当肯定第二个受让人提出的损害赔偿或损失补偿的请求,[33]不过本判决最终沿袭了前述1969年判决的观点。

---

〔27〕 横山美夏「判批」法学教室200号(1997年)140頁参照。

〔28〕 鈴木重信「民法第一七七条と背信的悪意者」香川保一編『不動産登記の諸問題(上)』(帝国判例法規出版社,1974年)509頁、槇悌次『物権法概論』(有斐閣,1984年)96頁、石田剛「不動産二重売買における公序良俗」前田達明等編『奥田昌道先生還暦記念・民事法理論の諸問題(下)』(成文堂,1995年)173頁以下等。

〔29〕 半田正夫「不動産登記と公信力」星野英一編集代表『民法講座2』(有斐閣,1984年)224頁等。

〔30〕 2019年修改后的日本民法增加了第424条之5的规定。

〔31〕 石本雅男「二重売買に民法90条の適用された例」民商法雑誌45巻5号(1962年)745頁、磯村保「二重売買と債権侵害——『自由競争』論の神話(1)」神戸法学35巻2号(1985年)404頁。

〔32〕 最高裁判所1969年12月4日判决,最高裁判所民事判例集23巻12号2407頁。

〔33〕 高木光「道路供用開始」塩野宏ほか編『行政判例百選Ⅰ(第3版)』(有斐閣,1993年)129頁等。

第四节 评 析

结合上述判例和学说现状,分析本判决的特色。

一、背信性的认定

本案中,与其说 E 是在确信 X 市已经取得本案土地所有权的前提下,以低廉的价格购买本案土地来获得不当利益,毋宁认为 E 是在完全承受本案土地实际上不存在或已经作为城市道路用地而投资失败风险的前提下,完成了射幸交易行为。从这种意义上来说,本判决系关于背信恶意人的新类型的判决。但是,即便如上所述,这种射幸交易行为也未必一定满足背信要件,还应不能无视本案土地已经被作为道路用地的事实。因此,有学者认为,本判决采取了近来重视双方当事人的客观利益衡量的有力观点,这种评价值得肯定。[34]

二、背信恶意人的转得者

本案判决认为,背信恶意人的转得者只要不属于背信恶意人,便可以基于所有权的取得对抗未完成登记的权利人,作为最早主张应从转得者与未完成登记的权利人的关系出发认定转得者是否属于背信恶意人的判决,具有极为重要的意义。正如前文所述,这是在背信恶意人排除说作为判例和通说观点确立后,采取背信恶意人排除说必然会得出的结论,基本上不存在任何异议。[35]

---

〔34〕 七戸克彦「背信的悪意者からの転得者と民法 177 条の第三者」民商法雑誌 117 巻 1 号(1997 年)112 頁。

〔35〕 大橋弘「背信的悪意者からの転得者と民法 177 条の第三者」ジュリスト1124 号(1997 年)99 頁、大橋弘「判例解説」『最高裁判所判例解説・民事篇(平成八年度)』(法曹会,1999 年)844 頁参照。

但是,诸如前述东京高等裁判所1982年8月31日判决,[36]当善意的第二受让人的转得者属于背信恶意人的,是否应该从转得者与未完成登记的权利人的关系出发进行解释,仍有待进一步的讨论。[37] 姑且将此问题留待日后讨论,但应当明确地认识到,转得者是否属于"背信恶意人"的认定标准与第二个受让人是否属于"背信恶意人"的认定标准是完全不同的。[38]

三、其他课题

由本案可知,证明第二个受让人及转得者的恶意是极为困难的。如果采用不区分善意和恶意的判例和通说观点,则登记懈怠者应承受举证不能的风险,而如果采用公信力说的观点,则第二个受让人或转得者须证明自己的善意。如果认定背信恶意人为完全不享有任何权利的人,采用第94条第2款的类推适用法理保护转得者利益的,则转得者应证明自己的善意。可见,在解决具体案件时,采用不同的观点,可能会得出截然不同的结论。所以,不应仅重视理论构造的完美性,还应当结合具体的实践展开讨论。

此外,本判决主文中"丁完成登记后,可以对抗乙"的表述,仅表明丁基于自己所有权的取得对抗乙,必须完成登记,故主张乙未具备登记的,无须完成登记,且当丙为善意时,即便丁未完成登记,也能够援用丙的地位。[39]

本案的其他评释(除文中的参考文献外)

伊藤滋夫「背信的悪意者からの転得者と民法177条の第三者」法

---

〔36〕 東京高等裁判所1982年8月31日判决,判例時報1055号(1982年)47頁。

〔37〕 例如,前述福冈高等裁判所1983年11月21日判决(判例タイムズ519号(1984年)158頁),当第二个受让人为"傀儡"时,则另当别论。

〔38〕 参见本书第86页以下(原著对应页码——译者注)的内容。

〔39〕 横山美夏「背信的悪意者からの転得者と民法一七七条の第三者」法学教室200号(1997年)141頁、大橋弘「判例解説」『最高裁判所判例解説・民事篇(平成八年度)』(法曹会,1999年)844頁参照。

の支配110号(1998年)93頁。

鎌田薫「背信的悪意者からの転得者と民法一七七条—背信的悪意者からの転得者は自己の権利取得を未登記第一譲受人に対抗できるか」法学教室増刊『民法の基本判例〔第2版〕』(1999年)45頁。

吉原節夫「背信的悪意者論の相対的適用」民事研修485号(1997年)16頁。

松岡久和「背信的悪意者からの転得者と民法一七七条の『第三者』」法学教室210号別冊付録『判例セレクト97』(1998年)15頁。

瀬川信久「民法一七七条の第三者の範囲——背信的悪意者からの転得者」星野英一ほか編『民法判例百選Ⅰ(第五版)』(有斐閣,2001年)124頁。

大西武士「背信的悪意者からの転得者と民法177条の第三者」判例タイムズ957号(1998年)55頁。

田中淳子「背信的悪意者からの転得者と民法177条の『第三者』」法律時報70巻8号(1998年)104頁。

東法子「本件判批」銀行法務21第42巻1号(1998年)26頁。

冨上智子「背信的悪意者からの転得者と民法177条の第三者」判例タイムズ臨時増刊987号『平成九年度主要民事判例解説』(1998年)36頁。

種村好子「背信的悪意者からの転得者と民法177条の第三者」民事研修492号(1998年)38頁。

宇都宮充夫「背信的悪意者からの転得者と民法第177条の第三者について」中央学院大学法学論叢13巻2号(2000年)371頁。

橋本恭宏「判批」中京大学法科大学院CHUKYO LAWYER 1号(2004年)65頁。

CHAPTER 07 >>

第七章

法律行为的撤销与登记

第一节　判例与通说

1. A、B 之间的不动产买卖合同被撤销后，该不动产又被转卖给 C 时，如何处理 A、C 之间的法律关系，判例的态度如下：[1]

(1)除第 96 条第 3 款的适用情形外，A 可以不经登记，基于撤销的效果对抗撤销前对不动产具有利害关系的第三人。[2]

(2)对不动产具有利害关系的第三人出现在撤销以后的，A 不经登记，不能以撤销的效果即复归的所

〔1〕 原島重義＝児玉寛「登記がなければ対抗しえない物権変動」舟橋諄一＝徳本鎮編『新版注釈民法(6)』(有斐閣，1997 年)489 頁以下。但是，広中俊雄「法律行為の取消しと不動産取引における第三者の保護」法律時報 49 巻 6 号(1977 年)56 頁(広中俊雄『広中俊雄著作集 4』(創文社，1994 年)68 頁)指出，1957 年判决(否定撤销的溯及效力)是对 1929 年判例法理的否定。

〔2〕 大審院 1929 年 2 月 20 日判决，大審院民事判例集 8 巻 59 頁(末川博「強迫に因る行為の取消と其の対抗力」法学論叢 22 巻 3 号(1929 年)410 頁、我妻栄「強迫に因る行為の取消とその対抗力一強迫に因る取消の意思表示と登記」民事法判例研究会『判例民事法(昭和 4 年度)』(有斐閣、1931 年)、薬師寺志光「判批」法学志林 31 巻 10 号(1929 年)103 頁)。

有权变动对抗该第三人。[3][4]

暂且不论涉及民法第96条第3款适用的各种问题,[5]上述判例法理的特色在于,如果第三人出现在撤销以前,贯彻撤销的溯及效力,而如果第三人出现在撤销以后,则作为对抗问题处理。

2. 通说赞成上述判例法理(我妻、末川、舟桥、柚木与高木、林、衫之原、山田等学者的观点)。

判例和通说观点的实质理由在于,如果仅以撤销的效果对抗第三人而不需要具备对抗要件,则A只要"行使撤销权,就无须回复登记或占有,永远地以复归的所有权变动对抗第三人,这将使法律设置对抗要件变得毫无意义,严重阻碍交易的安全"。[6] 采取这种观点的逻辑前提是,"从物权自始未变动至B这一点来说,撤销具有溯及效力,但从已经变动至B的物权复归至A这一点来说,A、B之间发生了因撤销的复归的物权变动"。[7] 但是,如果认为主张撤销效果的人必须完成登记,那么在撤销前不动产被转卖且办理变更登记的,撤销权人将无法取回不动产,使撤销制度的目的落空。所以,只能"根据撤销的溯及力所及的范围"判断撤销权人与撤销前出现的第三人之间的关系。[8]

---

〔3〕 大審院1942年9月30日判决,大審院民事判例集21卷911頁(舟橋諄一「詐欺行爲の取消と對抗」民商法雜誌17卷4号(1943年)71頁、川島武宜「判批」民事法判例研究会『判例民事法(昭和17年度)』(有斐閣、1944年)、薬師寺志光「判批」法学志林45卷4号(1943年)27頁、原島重義「法律行為の取消と登記」有斐閣編『続判例百選(第二版)』(有斐閣,1960年)78頁、伊藤昌司「法律行為の取消しと登記」星野英一ほか編『民法判例百選I(第五版)』(有斐閣,2001年)114頁)。最高裁判所1957年6月7日判决,最高裁判所民事判例集11卷999頁(土井王明「判例解説」『最高裁判所判例解説・民事篇(昭和32年度)』(法曹会,1958年))。

〔4〕 民法第96条第3款是为了限制撤销的溯及效力,故对撤销后的第三人不适用。大審院1942年9月30日判决,大審院民事判例集21卷911頁。

〔5〕 详细讨论参见下森定「法律行為の取消と登記」ロー・スクール23号(1980年)60頁以下、鎌田薫「詐欺における善意の第三者の登記の必要性」星野英一ほか編『民法判例百選I(第五版)』(有斐閣,2001年)48頁以下以及参考文献。

〔6〕 末川博「強迫に因る行為の取消と其の対抗力」法学論叢22卷3号(1929年)414頁。

〔7〕 末川博「強迫に因る行為の取消と其の対抗力」法学論叢22卷3号(1929年)413頁。

〔8〕 我妻栄『物権法』(岩波書店,1935年)72頁、我妻栄=有泉亨『新訂物権法』(岩波書店,1983年)96頁。

3. 与解决取得时效与登记的问题一样，[9]判例和通说认为，撤销权人无法在撤销的意思表示作出前完成复归的物权登记，故不能以其未完成登记为由使其丧失权利，但在撤销权行使后，权利人可以完成登记，未经登记不得对抗第三人。学界从理论构造和具体结论的合理性两个方面对此观点提出了批判。

第一，判例和通说观点的逻辑难以自洽。依此观点，若第三人出现在撤销前，贯彻撤销的溯及效力，物权自始未从 A 变动至 B，转得者 C 自始不享有任何权利，不属于第 177 条的第三人，故 A 可以不经登记，仅以所有权回复为由对抗该转得者 C；而若第三人出现在撤销后，限制撤销的溯及效力，已经由 A 变动至 B 的物权因撤销发生从 B 至 A 的变动，A 未完成登记而 B 将不动产转卖给 C 的，由 B 至 A 的复归的物权变动与由 B 至 C 的移转的物权变动构成二重让与关系，故将其作为对抗问题处理。关于撤销是否具有溯及效力以及基于撤销的物权变动形态（物权的溯及消灭抑或复归的物权变动），判例和通说的观点前后矛盾。

第二，若第三人出现在撤销以后，判例和通说观点将撤销权人与第三人的关系作为对抗问题处理，这将导致恶意的第三人也能获得法律保护的后果，为第三人提供了超出肯定登记具有公信力的过大保护，而若第三人出现在撤销以前，即便第三人系善意无过失，也无法获得法律保护，两者的处理结果明显失衡。

第三，若撤销权人在能够行使撤销权后，及时作出撤销的意思表示，当其未完成登记时，无法对抗撤销后出现的第三人，而若撤销权人在能够行使撤销权时不及时作出撤销的意思表示，而是在经过相当长的时间后行使撤销权，就能够以牺牲第三人的利益为手段获得法律的

〔9〕 参见本书“第九章　取得时效与登记”的内容。

保护,这严重违反了只有诚实地保全自己权利的人才能够受到法律保护的原则。

对于上述批判(尤其是第三点批判),并非不存在异议。若采取的解释论能够解决上述所有问题,将是最令人期待的解释论。下文将结合以上批判内容,探讨其他可行的解释路径。

第二节　对抗问题说与无权利说

为了回应上述第一点批判——逻辑难以自洽的批判,可能存在各种解释方法,但归根结底不外乎是采取严格贯彻撤销的溯及效力的解释,抑或采取撤销的复归物权变动的解释。〔10〕

一、无权利说

依此观点,A、B 之间的法律行为一旦被撤销,除依据民法第 96 条第 3 款限制溯及效力的情形外,该法律行为自始不发生效力,A、B 之间的物权变动自始不发生效力,因现行民法不承认登记具有公信力,故转得者 C 无法取得物权,不产生所谓的对抗问题。〔11〕

该观点对民法第 121 条进行文义解释,对于物权变动理论而言,采取与判例和通说相同的物权行为独立性否定说和有因说,〔12〕逻辑漏洞

---

〔10〕 原島重義「法律行為の取消と登記」有斐閣編『続判例百選(第二版)』(有斐閣,1960 年)79 頁、原島重義 = 児玉寛「登記がなければ対抗しえない物権変動」舟橋諄一 = 徳本鎮編『新版注釈民法(6)』(有斐閣,1997 年)487 頁以下参照。

〔11〕 薬師寺志光「判批」法学志林 45 巻 4 号(1943 年)27 頁、舟橋諄一「詐欺行爲の取消と對抗」民商法雑誌 17 巻 4 号(1943 年)71 頁、舟橋諄一『不動産登記法』(日本評論社,1939 年)38 頁[但之后,舟桥修改了自己的观点,参见舟橋諄一『物権法』(有斐閣,1960 年)161 頁]。

〔12〕 但是,末川博士虽然采用无因说,却得出与判例和通说相同的结论,原因是末川认为物权行为也存在撤销原因(末川博『物権法』(日本評論社,1956 年)80 頁参照)。但是,如果采用末川的观点,应该行使撤销权的一方将获得比作出无效意思表示的人更高程度的保护。

较少。但是,该观点忽视了对第三人利益的保护即动态交易安全的保护。[13] 关于这一点,将在后文详述。

二、对抗问题说

对抗问题说认为,撤销权未经登记也不得以撤销的复归物权变动对抗撤销前出现的第三人,此观点保持了逻辑的一致性。但是,按照对抗问题的传统理解,[14]采用此种观点,必须认为在A、B之间发生了复归的物权变动,且与B、C之间的物权变动构成类似的二重让与关系。

若就物权变动采取无因说(不考虑物权行为的撤销问题),因撤销A可以对B行使债权性质的返还请求权,依该请求权发生新的物权行为,A、B之间发生复归的物权变动,则A和C的关系通常构成二重让与关系。[15] 从法理上来说,应当根据登记的先后顺序确定第三人的出现与撤销的先后关系,这与先确定第三人的出现与撤销的先后关系,然后判断是否需要完成登记的判例和通说观点正好相反。

铃木教授和广中教授采取有因性原则,认为撤销权的存在实质上是为了实现给付物的返还和登记的抹除,[16]类比合同解除的间接效果说,主张必须完成登记,才能对第三人主张依撤销的复归物权变动。[17]

根据对抗问题说的观点,撤销前出现的第三人,即使不适用民法第

---

〔13〕 四宫和夫「遡及効と対抗要件」四宫和夫『四宮和夫民法論集』(弘文堂,1990年)6頁等参照。但是,薬師寺志光「判批」法学志林31巻10号(1929年)111頁虽然是对特殊案件所作的评析,但是也启发我们可以通过准用第94条第2款保护第三人。

〔14〕 如果认为"凡是可以依据登记的先后顺序来确定权利的优劣关系的问题"都是对抗问题,则无须展开本文的讨论[参见星野英一『民法概論Ⅱ(合本再訂)』(良書普及会,1983年)53頁、林良平「はじめに」日本私法学会民法部会シンポジウム「不動産物権変動と登記の意義」私法37号(1975年)11頁等]。

〔15〕 石田文次郎『物権法論(全訂改版)』(有斐閣,1947年)152頁、篠塚昭次『民法セミナーⅡ』(敬文堂,1970年)110頁参照。

〔16〕 川島武宜『民法総則』(有斐閣,1965年)441頁。另外,关于撤销权人的请求权的内容,参见鈴木禄弥『物権法の研究』(創文社,1976年)229頁以下。

〔17〕 鈴木禄弥『物権法講義(四訂版)』(創文社,1994年)124頁、広中俊雄『物権法(第二版増補)』(青林書院,1987年)120頁以下、広中俊雄「法律行為の取消と不動産取引における第三者の保護——学説史的検討をとおして」法律時報49巻6号(1977年)48頁(広中俊雄『広中俊雄著作集4』(創文社,1994年)46頁)。

96 条第 3 款,也能够获得保护,然而这也将会产生如下问题:是否违反第 96 条规定的旨趣;第三人出现在能够撤销之前的,是否依然能够维持对抗原则;是否会不当地为恶意第三人提供保护。

第三节　合理的解释路径

一、无权利说的修正

如上所述,虽然无权利说的逻辑漏洞较少,但忽视了对第三人保护的问题。无权利说认为,判例和通说将撤销权人与撤销后出现的第三人之间的关系作为对抗问题处理,实质上是为了保护无权利人的受让人,将公示原则转用至原本应适用公信原则的情况,这是无权利说在学说史上的意义。因此,无权利说不是依据“对抗”的法技术,而是通过限制撤销的溯及效力(第 96 条第 3 款)以及适用“表见法理”来解决第三人保护问题的。

(一)第 96 条第 3 款的类推适用说

一般认为第 96 条第 3 款是限制撤销溯及效力的规定,所以它仅对因撤销的溯及效力而直接遭受权利侵害的人,即撤销前出现的第三人适用,而川岛博士认为,不管是撤销前还是撤销后,凡是“对遭受欺诈而作出意思表示不知情的第三人”均应获得第 96 条第 3 款的保护,[18] 原岛教授进一步指出,受胁迫而作出意思表示的,不管撤销前还是撤销后,应类推适用第 96 条第 3 款保护对此不知情的第三人。[19]

〔18〕 川島武宜『民法総則』(有斐閣,1965 年)301 頁。

〔19〕 原島重義「登記がなければ対抗しえない物権変動」舟橋諄一編『注釈民法(6)』(有斐閣,1967 年)286 頁。另外,半田正夫『民法一七七条における第三者の範囲(改訂版)』(一粒社,1977 年)43 頁认为,因遭受胁迫而撤销法律行为的,类推适用第 96 条第 3 款保护撤销前的第三人,而对于撤销后出现的第三人,一律类推适用第 94 条第 2 款予以保护。因受强迫撤销法律行为时,通过民法第 96 条第 3 款的类推适用保护撤销前出现的第三人,对撤销后出现的第三人,一律通过民法第 94 条第 2 款的类推适用予以保护。

(二)民法第94条第2款的类推适用说

几代教授认为,“如果撤销权人可以自由地行使撤销权,能够有效地抹除本应消除的登记外观状态,而不及时抹除并放任这种状态存在的,相当于作出了虚伪的意思表示”,此后信赖该外观状态并进入交易关系的第三人,满足与虚伪意思表示情形相同的要件时,应受到法律的保护。[20]

该观点通过类推适用第94条第2款之规定,具有与事实上承认登记具有公信力相同效果的判例法理[21]相辅相成,逐渐成为近来的有力观点。[22] 从前述关于判例和通说观点具有的三个弊端的讨论来看,此观点坚持无权利说,保持了前后逻辑的一致性;仅保护善意无过失的第三人;第三人若出现在撤销权人“明知能够撤销自己实施的行为,且能够进行追认”之后,则受到法律保护,此观点解决了判例和通说观点的所有逻辑漏洞,是理论完成度极高的学说观点。

然而,几代说也遭受了学界的批判。其中最重要的批判是关于撤销前的第三人保护问题,主要从两个角度进行了批判。第一,对撤销前的第三人存在过分保护之嫌;[23]第二,在撤销前的第三人应当受到法律

---

〔20〕 幾代通「法律行為の取消と登記」磯村哲編集代表『於保不二雄先生還暦記念論文集・民法学の基礎的課題(上)』(有斐閣,1971年)53頁以下。但因受到下森定「民法96条3項にいう第三者にあたる場合」判例タイムズ322号(1975年)90頁等的批判后,将自己的观点修改为,当因欺诈撤销法律行为时,撤销前适用民法第96条第3款,撤销后类推适用第94条第2款[参见幾代通「法律行為の取消と登記——再論」法務省法務総合研究所編『不動産登記をめぐる今日的課題』(日本加除出版,1987年)114頁等]。另外,参见下森定「『民法九六条三項にいう第三者と登記』再論」薬師寺志光先生米寿祝賀記念論集編集委員会編『民事法学の諸問題』(総合労働研究所,1977年)99頁、下森定「法律行為の取消と登記」ロー・スクール23号(1980年)59頁、不動産登記制度研究会編「不動産物権変動の法理」(有斐閣,1983年)60頁以下(下森定報告)、加藤一郎『民法ノート(上)』(有斐閣,1984年)56頁等。

〔21〕 川井健「民法九四条二項類推適用論」川井健『不動産物権変動の公示と公信』(日本評論社,1990年)65頁以下参照。

〔22〕 例如,石田喜久夫『物権法(第二版)』(日本評論社,1980年)36頁、シンポジウム「不動産物権変動と登記の意義」私法37号(1975年)43頁(遠藤浩発言)等。

〔23〕 四宮和夫＝能見善久『民法総則(第七版)』(弘文堂,2005年)209頁、四宮和夫「遡及効と対抗要件」四宮和夫『四宮和夫民法論集』(弘文堂,1990年)10頁认为,只针对撤销后出现的第三人,类推适用民法第94条第2款。水沼宏「登記原因と取消・解除」幾代通ほか編『不動産登記講座Ⅱ』(日本評論社,1977年)145頁基本赞成判例和通说的观点,仅在例外的情况下通过类推适用民法第94条第2款保护撤销前的第三人。

保护的前提下,撤销权人享有行使撤销权的自由,能够撤销而不撤销本身虽然存在适用对抗问题说所考虑的怠慢,但不存在第94条第2款类推适用前提的怠慢,即未尽到合理努力消除能够使他人产生困惑的外观这种意义上的怠慢。[24] 另外,在B、C之间完成让与行为时,虽然不确定,但认为B是真正的权利人,这与第94条第2款的类推适用存在冲突。[25]

二、对抗问题说的修正

对抗问题说最大的难点在于,可能会牺牲因不得已的事由未能行使撤销权的撤销权人的利益。[26]

铃木教授认为,"撤销权的发生原因消除,且撤销权人知道撤销理由以后,第三人出现的,撤销权人必须完成登记,才能基于依撤销复归的物权变动对抗该第三人",[27]广中教授认为,不管第三人出现在撤销前还是撤销后,都应作为对抗问题处理,但"当A无法行使撤销权并采取法律手段完成回复登记时,第三人完成登记的,A可以在能够行使撤销权后及时行使撤销权,并对C采取回复登记的法律手段,向C主张此种情形缺乏适用第177条的前提条件"。[28] 虽然两种观点在理论构造上存在细微的差异,但不管哪一种观点,都严格贯彻了"对抗要件主义的根本要求"[29],即"能够就自己享有的物权完成登记的人,若未及时登记,应承受由此带来的风险",目的都在于使能够行使撤销权完成回

---

〔24〕 広中俊雄「法律行為の取消と不動産取引における第三者の保護——学説史的検討をとおして」法律時報49巻6号(1977年)52頁(広中俊雄『広中俊雄著作集4』(創文社,1994年)58頁)、我妻栄=有泉亨『新訂物権法』(岩波書店,1983年)100頁。对此的批判,可参见下森定「法律行為の取消と登記」ロー・スクール23号(1980年)59頁以下等。

〔25〕 半田正夫『民法177条における第三者の範囲(改訂版)』(一粒社,1977年)43頁认为撤销前类推适用民法第96条第3款也是基于同样的考虑。另外,参见本章第四节内容。

〔26〕 对于恶意的转得人,可适用"背信恶意人排除法理"。

〔27〕 鈴木禄弥『物権法講義(四訂版)』(創文社,1994年)124頁。但是,铃木认为,因行为能力受到限制而撤销的,基于保护限制行为能力人的特殊要求,只有在行使撤销权后才发生对抗问题。

〔28〕 広中俊雄『物権法(第二版増補)』(青林書院,1987年)130頁。

〔29〕 鈴木禄弥『物権法講義(四訂版)』(創文社,1994年)124頁。

复登记但未及时完成登记的人承担由此带来的风险。

川井教授的观点最显著的特征[30]在于,虽然认为应区分对抗问题和第三人保护的问题(公信问题),仍然扩张适用第177条,但应当引起注意的是,此观点采取的解释路径是以背信恶意人排除说的确立为前提,并进一步灵活运用背信恶意人排除法理(甚至在某些情况下需要将单纯的恶意人或有过失的善意人排除)。此种解释路径认为,不管是何种形式的不动产登记纠纷,都可以仅适用现存法理提出最灵活的解决方案,今后这种解释将越来越受到学界的推崇(但会引发方法论上的争议)。

三、拟制信托说

谷口博士立足无因说,[31]认为第三人知道或应当知道A、B之间的合同已经被撤销或能够被撤销的,或者第三人满足善意无过失但属于无偿取得人时,应肯定A提出的返还请求(债权性质的返还请求权?)。[32]此观点的结论非常合理,但前提是必须将英美法的概念整合融入我国的民法体系。

第四节　结语——"公信力说"的可行性

1. 由以上考察可知,关于法律行为的撤销与登记问题,除判例和通

〔30〕 川井健「不動産物権変動における公示と公信」川井健『不動産物権変動の公示と公信』(日本評論社,1990年)15頁以下。

〔31〕 幾代通「法律行為の取消と登記」磯村哲編集代表『於保不二雄先生還曆記念論文集・民法学の基礎的課題(上)』(有斐閣,1971年)63頁、広中俊雄「法律行為の取消と不動産取引における第三者の保護——学説史的検討をとおして」法律時報49巻6号(1977年)49頁(広中俊雄『広中俊雄著作集4』(創文社,1994年)50頁)指出,虽然可以将谷口的观点理解为一种无权利说,但与无权利说稍有不同。

〔32〕 谷口知平「無効・取消・解除と物権変動」法学セミナー304号(1980年)32頁等。槇悌次『物権法Ⅰ』(有斐閣,1971年)129頁虽然采取了不同的判断基准,但也主张存在拟制的信托关系。

说观点外,学界还存在两种有力观点:其一,承认撤销的溯及效力和物权变动的有因性,一经撤销,物权变动溯及消灭,基于无权利法理,类推适用民法第94条第2款的规定;其二,承认撤销的溯及效力和物权变动的无因性,或承认撤销不具有溯及效力和物权变动的有因性,一经撤销,发生复归的物权变动,产生对抗问题,适用背信恶意人排除法理。这两种观点在理论构造上存在很大的不同,但在实质的价值判断层面,不存在显著差异。不管哪一种观点,都将问题归结为,相信B的登记是真实登记或没有瑕疵的登记的C和撤销后放任登记状态存在或能够行使撤销权完成登记名义的回复但不及时行使权利的A中的哪一方应当获得保护的问题。近来绝大多数学说认为应保护善意的C,但存在两种论证该结论的方法:其一,根据表见法理例外地保护善意的C;其二,C原则上应受法律保护,但当C为(背信)恶意的,例外地限制其权利主张。由此可以推测,第94条第2款的类推适用法理与背信恶意人排除法理是"表"与"里"的关系。关于"撤销与登记"的问题,虽然还存在很多本文未涉及的论点,但它促使我们对登记具有的纠纷解决功能进行反思。

2. 不限于"撤销与登记"问题,对于广泛意义上的"对抗问题",主张对登记懈怠的真正权利人归责事由和误信虚假登记为真实登记的第三人保护事由进行比较衡量的,是所谓的"公信力说"。按照我理解的"公信力说"的观点,对于撤销与登记问题,公信力说应该会根据第177条作出与类推适用第94条第2款相同的判断。[33] 因此,对于"公信力说"而言,如何说明撤销权人与撤销前出现的第三人之间的关系是最大的课题。

---

〔33〕 但是,石田喜久夫『物権法(第二版)』(日本評論社,1980年)主张类推适用民法第94条第2款,半田正夫『民法177条における第三者の範囲(改訂版)』(一粒社,1977年)主张类推适用民法第94条第2款或第96条第3款,而篠塚昭次『民法セミナーII』(敬文堂,1970年)则采取无因说或撤销的间接效果说的解释论,故很难说"公信力说"发挥了真正的价值。

从最近类推适用第 94 条第 2 款的具体案件来看,[34] 即使没有及时主张无效,善意的第三人也有可能获得保护,因为撤销权人不能比主张无效的行为人获得更高程度的保护,故当撤销权人未行使撤销权存在明显的归责事由时,应保护善意第三人的利益。此种情况,公信力说一般依据第 177 条来处理,[35][36] 但是,虽然不确定,因为撤销之前的 B 系真正的权利人,故无须借助"公信力",转得者便可以取得所有权。问题是根据撤销权或撤销的溯及效力否定 C 已经取得的所有权是否恰当,故可以不根据表见法理或登记的公信力,而通过类推适用第 96 条第 3 款实现对 C 的保护。然而,根据第 96 条第 3 款的解释,对于欺诈以外的情况,撤销前的第三人无法得到保护,故因欺诈以外的事由撤销法律行为的,无法直接类推适用第 96 条第 3 款。所以只有当撤销权人具有比遭受欺诈一方或作出虚伪意思表示的人更高程度的归责性时,才能尽力通过类推适用第 96 条第 3 款及第 94 条第 2 款的"旨趣"保护撤销前的善意转得人。

【追加内容】

2019 年日本民法修改后,意思表示错误的效力由"无效"变为"可撤销"(民法第 95 条第 1 ~ 3 款),但因错误而撤销意思表示的,不得对抗善意无过失的第三人(第 95 条第 4 款)。因此,改正条文实施后(2021 年 4 月 1 日),本章内容中关于"第 96 条第 3 款"的部分相应替换为第 95 条第 4 款或第 96 条第 3 款,日文原版第 131 页倒数第三行及第四行关于"欺诈以外"的部分相应替换为"错误及欺诈以外"。

---

〔34〕 例如,最高裁判所 1970 年 9 月 22 日判决,最高裁判所民事判例集 24 卷 10 号 1424 頁;最高裁判所 1973 年 6 月 28 日判决,最高裁判所民事判例集 27 卷 6 号 724 頁。参见川井健『不動産物権変動の公示と公信』(日本評論社,1990 年)82 頁以下等。

〔35〕 如果对公信力的概念采取传统理解,那么对于对抗问题,采用川井说那样的说明方法不存在任何问题。

〔36〕 但是,对于"撤销与登记"问题,川井教授与四宫教授的观点相同,参见川井健『設例民法学 2』(一粒社,1980 年)45 頁。

CHAPTER 08 >>

第八章

继承与登记

第一节　问题所在与判例

1. 关于继承与登记的关系，在很多情况下会面临复杂难题。

在承认生前继承的时代，可能会发生继承开始后被继承人将继承财产中的不动产出卖给第三人的案件，于是出现依继承取得所有权对抗第三人是否需要完成登记的问题（狭义的“继承与登记”问题），有名的大审院 1898 年 12 月 15 日连合部判决[1]认为，诸如宗祧继承等依法律规定发生的物权变动，未经登记不得对抗第三人。[2]

2. 但是，现行法已经废止了生前继承制度，故现在

〔1〕 大審院 1898 年 12 月 15 日連合部判决，大審院民事判决録 14 辑 1301 頁。

〔2〕 对该判决的意义，中川善之助「相続と登記」『相続法の諸問題』（勁草書房，1949 年）159 頁、於保不二雄「相続と登記」『石田文次郎古稀記念論文集』（石田先生古稀記念論文集刊行会，1962 年）57 頁（於保不二雄『民法著作集Ⅰ』（新青出版，2000 年）187 頁）、原島重義「登記の対抗力に関する判例研究序説」法政研究 30 巻 3 号（1963 年）237 頁、泉久雄「相続財産」小野清一郎ほか编『総合判例研究叢書民法（26）』（有斐閣，1965 年）229 頁以下等参照。

不可能出现上述情形下的“第三人”，继承与登记的问题状况发生了变化。下文将列举在现行法上能够成为问题的案例，并分析相应的判例结论。

(1)继承介入型二重让与

A将自己所有的不动产让与给C，但在未完成登记时死亡的，A的继承人B和C的关系等同于当事人之间的关系，不适用第177条。但是，当B将不动产让与给D时，C和D变成同一让与人A(B概括继受了A的法律地位，可将二者看作同一人)的二重受让人，两者成立对抗关系。〔3〕

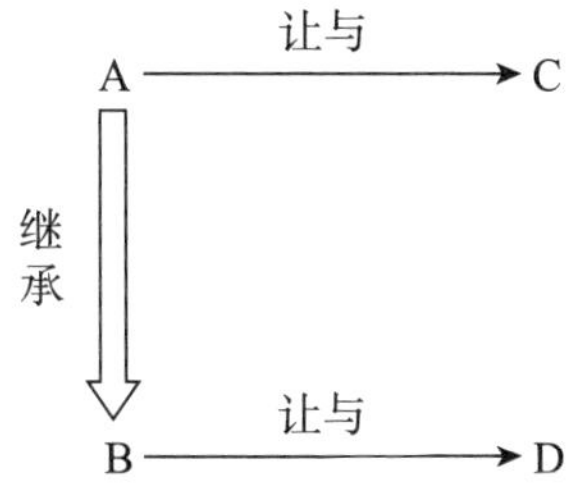

(2)表见继承人

A死亡，其子B继承A的财产并将其让与给D后，经查，B不享有继承资格，真正的继承人为其父C，则C可以在未完成登记的情况下，向不享有任何权利的D主张自己已经依继承取得了所有权。〔4〕

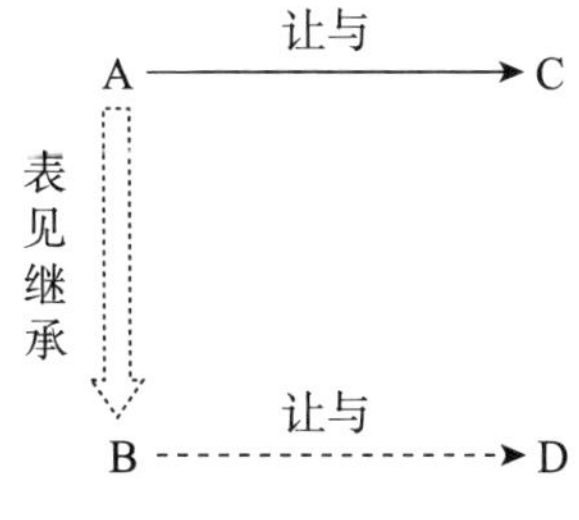

〔3〕 最高裁判所1958年10月14日判决，最高裁判所民事判例集12卷14号3111頁；大審院1926年2月1日連合部判決，大審院民事判例集5卷44頁。

〔4〕 大審院1914年12月1日判決，大審院民事判決録20輯1019頁。

(3)共同继承与登记

A死亡,其子B和C共同继承了A的财产,但在遗产分割前,B利用伪造的文件,将继承财产中的不动产登记在自己名下,让与给D的,C可以在不完成登记的情况下,向D主张自己享有1/2的法定继承份额。[5][6]

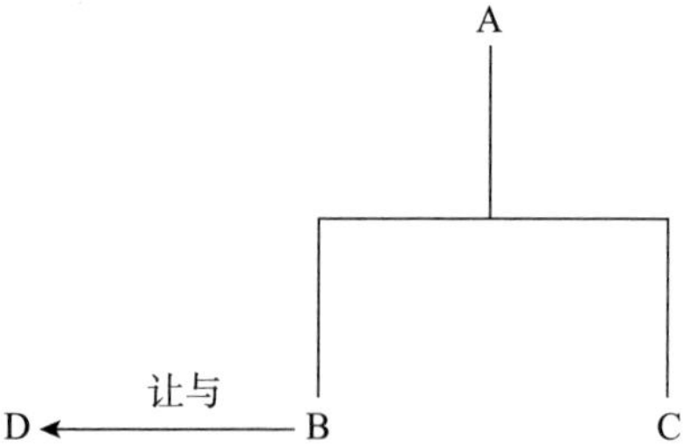

(4)遗产分割与登记

共同继承人B和C根据遗产分割协议,使C单独所有继承财产中的不动产,但尚未完成登记时,B无视该协议,擅自完成各自持有1/2继承份额的登记,并将自己持有的1/2份额让与给D的,就超出自己继承份额的权利取得,C未经登记不得对抗D。[7][8]

---

〔5〕 最高裁判所1963年2月22日判决,最高裁判所民事判例集17巻1号235頁。

〔6〕 瀬戸正二「判例解説」『最高裁判所判例解説・民事篇(昭和38年度)』(法曹会,1964年)、石田喜久夫「共同相続と登記等」民商法雑誌49巻4号(1964年)588頁(石田喜久夫『民法第一七七条の判例』(成文堂,1984年)95頁)、福地俊雄「共同相続と登記」法律時報35巻8号(1963年)84頁、山崎賢一「共同相続と登記」法律論叢37巻1号(1963年)149頁、宮崎俊行「共同相続と登記」法学研究36巻12号(1963年)1372頁、西原道雄「共同相続と登記」加藤一郎=森島昭夫編『不動産取引判例百選(第二版)』(有斐閣,1991年)58頁、乾昭三「共同相続と登記」加藤一郎ほか編『家族法判例百選(新版増補)』(有斐閣,1975年)238頁、品川孝次「共同相続と登記」加藤一郎=平井宜雄編『民法の判例(第三版)』(有斐閣,1979年)61頁、松岡久和「共同相続と登記」星野英一ほか編『民法判例百選Ⅰ(第五版)』(有斐閣,2001年)118頁、小野幸二「共同相続と登記」久貴忠彦=米倉明=水野紀子編『家族法判例百選(第六版)』(有斐閣,2002年)146頁等。

〔7〕 最高裁判所1971年1月26日判决,最高裁判所民事判例集25巻1号90頁。

〔8〕 野田宏「遺産分割と登記」『最高裁判所判例解説・民事篇(昭和46年度)』(法曹会,1972年)、石田喜久夫「遺産分割と登記」判例タイムズ263号(1971年)72頁(石田喜久夫『民法第一七七条の判例』(成文堂,1984年)105頁)、岡垣学「遺産分割と登記」民商法雑誌65巻6号(1972年)986頁、高木多喜男「遺産分割と登記」法律時報43巻11号(1971年)170頁、甲斐道太郎「遺産分割と登記」法律時報43巻12号(1971年)159頁、高野竹三郎「遺産分割と登記」ジュリスト増刊『昭和46年度重要判例解説』(有斐閣,1972年)61頁、星野英一「遺産分割により遺産に属する財産」法学協会雑誌90巻2号(1973年)401頁(星野英一『民事判例研究第3巻11』(有斐閣,1990年)53頁)、品川孝次「遺産分割と登記」加藤一郎ほか編『家族法判例百選(新版増補)』(有斐閣,1975年)240頁、伊藤昌司「遺産分割と登記」法学雑誌18巻1号(1971年)145頁、松岡久和「共同相続と登記」星野英一ほか編『民法判例百選Ⅰ(第五版)』(有斐閣,2001年)120頁、大塚直「遺産分割と登記」久貴忠彦=米倉明=水野紀子『家族法判例百選(第六版)』(有斐閣,2002年)148頁等。

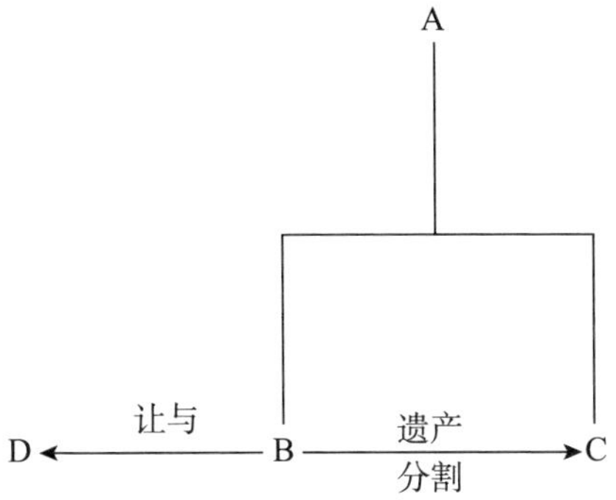

(5)放弃继承与登记

共同继承人B、C、D中,B放弃了继承,但在未完成相应登记时,B的债权人E就B本该享有的法定继承份额,完成了共同继承的代位登记,并对B持有的1/3继承份额实施了扣押,C和D可以在不完成登记的情况下,向E主张因B放弃继承财产已归C和D共有。[9][10]

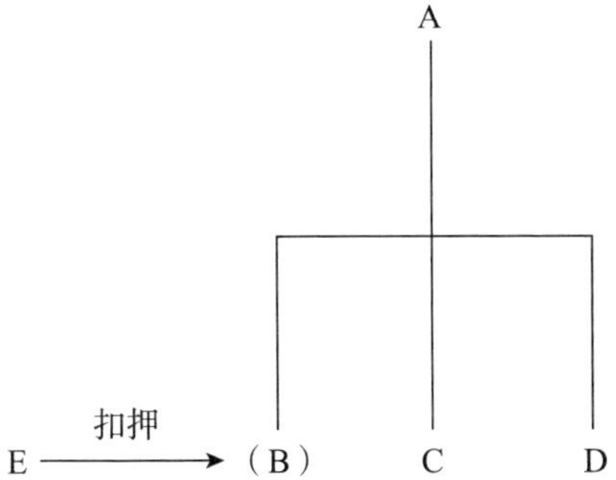

〔9〕 最高裁判所1967年1月20日判決,最高裁判所民事判例集21巻1号16頁。

〔10〕 鈴木重信「相続放棄と登記」『最高裁判所判例解説・民事篇(昭和42年度)』(法曹会,1968年)、石田喜久夫「相続放棄と登記」民商法雑誌57巻2号(1967年)212頁(石田喜久夫『民法第一七七条の判例』(成文堂,1984年)115頁)、谷口知平「相続放棄と登記」法律時報39巻9号(1967年)103頁、有地亨「判批」判例評論103号(1967年)19頁、金山正信「相続放棄と登記」ジュリスト398号(1968年)354頁、星野英一「相続放棄による所有権取得と登記」法学協会雑誌85巻2号(1968年)218頁(星野英一『民事判例研究第2巻1』(有斐閣,1971年)161頁)、石田喜久夫「相続放棄と登記」加藤一郎ほか編『家族法判例百選(新版増補)』(有斐閣,1975年)243頁、山本敬三「相続放棄と登記」久貴忠彦=米倉明=水野紀子『家族法判例百選(第六版)』(有斐閣,2002年)150頁等。

3. 对上述案件类型,对(1)和(2)几乎不存在争议。对(3)的争议最激烈,对(4)和(5),主要围绕两者的异同展开讨论。下文将对(3)进行讨论,并对(4)、(5)的异同进行说明。[11]

第二节　共同继承与登记

1. 关于上述问题(3),大审院时代存在相互对立的两个判决,[12]但前引最高裁判所1963年判决认为"对于属于继承财产的不动产,其他的共同继承人可以在不完成登记的情况下,以其持有的份额对抗将不动产登记在自己名下的共同继承人B以及从B手中继受取得所有权并完成变更登记的第三人D",该判决沿用了大审院1919年判决的结论。

该判决的理由是,"对于C持有的继承份额,B的登记属于无权利的登记,因登记不具有公信力,故D也不能取得C持有的继承份额"。理由清楚明晰,获得了多数学者(川岛、末川、柚木与高木、於保、金山、林、福地、田中、原岛、石田、槇等)的支持。[13]

2. 对此,前述大审院1919年判决认为,依法定继承取得所有权的,未经登记也不能对抗第三人。[14] 现在几乎没有学者采用这样的观点,

[11] 其他相关问题可参见金山正信「法定相続分と異なる相続分と登記」磯村哲編集代表『於保不二雄還暦記念論文集・民法学の基礎的課題(中)』(有斐閣,1974年)267頁、幾代通「遺贈と登記」中川善之助先生追悼現代家族法大系編集委員会編『現代家族法大系5』(有斐閣,1979年)127頁、岡孝「死亡による物権変動と登記」山田卓生ほか編『分析と展開民法Ⅰ(第三版)』(弘文堂,2004年)193頁以下、原島重義＝児玉寛「登記がなければ対抗しえない物権変動」舟橋諄一＝徳本鎮編『新版注釈民法(6)』(有斐閣,1997年)527頁以下等。

[12] 大審院1919年11月3日判决,大審院民事判決録25輯1944頁;大審院1920年5月11日判决,大審院民事判決録26輯64頁。

[13] 学说的讨论状况,可参见泉久雄「共同相続・遺産分割と登記」幾代通ほか編『不動産登記講座Ⅰ』(日本評論社,1976年)254頁。

[14] 与此持相同观点的还有末弘厳太郎『物権法(上巻)』(一粒社,1960年)129頁。

但该判决相比于保护未具备登记的共同继承人更注重保护“交易安全”这一点，被之后的有力观点所接受。

我妻、舟桥两位博士认为，共有是指在同一物之上存在数个相互制约的所有权，其中一个所有权消灭的，其他所有权必然复原（民法第255条），数个并存的所有权相当于所有权与限制物权的关系，恰如C未完成限制物权的登记，D取得了完整的所有权。〔15〕另外，中川博士曾认为，遗产分割前，B和C在内部关系上属于共同的权利义务主体，但在外部关系上两者属于完全独立的权利义务主体，分别享有“相互关联的所有权”，第三人也可以取得这种“相互关联的所有权”，故应将C、D之间的争议作为对抗问题处理。〔16〕但是，这些观点对共有制度的张力、遗产共有的性质以及对抗问题的意义采取了特殊的解释，虽然是学界有影响力的观点，却未能获得多数学者的支持。

3. 这些观点明知逻辑牵强依然作为对抗问题处理，或许是因为考虑到第三人D一般为有偿取得者而继承人C为无偿取得者，第三人较难知悉是否存在遗产分割、遗产分割的内容以及法定继承的比例，共同继承人之间是否存在亲密关系（用略显通俗的表述，共同继承人的关系是否属于“自家人犯错由自家人负责善后”的关系），遗产共有状态是暂时的和变化的，所有的共同继承人都有可能成为单独所有人，不易区分登记是遗产分割前的登记还是遗产分割后的登记等客观情况，故只能“转用”对抗问题的逻辑保护第三人。针对继承与登记的问题，还有学者更直接地表明上述客观情况，肯定登记具有“公信力”，〔17〕或主张可

〔15〕 我妻栄『物権法』（岩波書店，1935年）75頁（我妻栄＝有泉亨『新訂物権法』（岩波書店，1983年）113頁要求D具备善意）、我妻栄『民法案内Ⅲ』（一粒社，1981年）99頁、我妻栄＝幾代通＝川井健『民法案内3』（勁草書房，2006年）86頁、舟橋諄一『物権法』（有斐閣，1960年）165頁、舟橋諄一「相続と登記」末川博等編『穂積先生追悼論文集・家族法の諸問題』（有斐閣，1952年）377頁。

〔16〕 中川善之助「相続と登記」中川善之助『相続法の諸問題』（勁草書房，1949年）159頁。现在的观点，可参见中川善之助＝泉久雄『相続法（第四版）』（有斐閣，2000年）199頁。

〔17〕 山中康雄「相続の効力・総則」中川善之助編『註釈相続法（上）』（有斐閣，1954年）119頁。

以适用表见代理,[18]或直接无视“解释论的牵强”,作为对抗问题处理。[19]

4. 第三人需要获得保护,但为了保护第三人,“转用”“对抗”的法律技术可能导致恶意第三人获得保护的后果,难以令人满意。“无视解释论的牵强”的做法更难获得支持。对原本属于对抗问题而需要保护信赖登记的第三人的,试图通过类推适用第94条第2款得出合理解决方案的观点近来逐渐具有影响力,所以对于继承与登记问题,较为稳妥的解释路径是,虽然按照现在判例和通说的观点,第三人D对B享有的1/2继承份额属于无权利人的受让人,但可以类推适用第94条第2款,使其取得B持有的1/2继承份额(不适用第177条)。[20]

但是,类推适用第94条第2款或广泛适用表见法理,[21]真正的权利人必须基于自己的意思创造了不真实的权利外观或具有与此相同程度的归责事由。因此,在具体适用时,应考察共同继承人C对继承开始、B擅自完成单独所有名义的登记是否知情以及C放任这种状况存在的时间等情况,[22]但同时也应考虑期待共同继承人C在继承开始后立即完成共同继承的登记,并在遗产分割后对继承份额完成移转登记

---

〔18〕 我妻栄=唄孝一『相続法(判例コンメンタールⅧ)』(コンメンタール刊行会,1966年)85頁。

〔19〕 鈴木禄弥『相続法講義』(有斐閣,1968年)183頁。但铃木教授在『相続法講義』(創文社,1986年)289頁,修改了自己的观点,改采通说观点[鈴木禄弥『相続法講義(改訂版)』(創文社,1996年)333頁参照]。此外,参见鈴木禄弥=唄孝一「共同相続と登記」鈴木禄弥『物権法の研究』(創文社,1976年)333頁以下。

〔20〕 高木多喜男「相続と登記についての一考察」民事研修217号(1975年)8頁、品川孝次「共同相続と登記」加藤一郎=平井宜雄編『民法の判例(第三版)』(有斐閣,1979年)66頁、槇悌次「共同相続と登記」中川善之助先生追悼現代家族法大系編集委員会編『現代家族法大系5』(有斐閣,1979年)88頁、川井健「相続と登記」法学セミナー304号(1980年)43頁、高木多喜男「相続と登記」不動産登記制度研究会編『不動産物権変動の法理』(有斐閣,1983年)106頁等。依据此种观点,“第一节(2)”中的表见继承人的受让人也可以获得保护[広中俊雄『物権法(第二版増補)』(青林書院,1987年)149頁参照]。另外,公信力说一般依据第177条作出同样的判断。通过继承回复请求权的短期诉讼时效保护第三人的观点,参见有地亨「遺贈と対抗要件」川井健『判例と学説4』(日本評論社,1976年)311頁。

〔21〕 第三人最需要获得保护的情形是共同继承人中的一人管理全部遗产的情形,此时可以考虑适用民法第110条。

〔22〕 继承开始后的遗产共有的性质与一段期间经过后的遗产共有的性质可能不同,参见中川善之助「相続と登記」中川善之助『相続法の諸問題』(勁草書房,1949年)。

是否现实的问题。[23] 然而，遗产分割前的权利关系是变化的，共同继承人对于自己对每项继承财产都享有相应的继承权的意识比较淡薄，对于已经完成共同继承登记的，很难期待共同继承人在遗产分割后再度完成登记，实际上也不会完成登记。而且，继承财产能够保障继承人的生活，故应充分关注争议不动产的占有状态。

第三节　遗产分割与放弃继承

1. 关于遗产共有的性质，存在共有说和合有说的争议，但不管采用哪一种观点，对遗产分割前的继承财产中的不动产取得权利人，都能够在出让人持有的继承份额限度内获得第 909 条但书的保护。[24]

判例认为，对于继承不动产，取得超出自己法定继承份额权利的共同继承人，就自己享有的继承份额，可以不经登记对抗第三人，但对于超出继承份额的持份权，未经登记不得对抗第三人，[25] 通说也采用相同的观点（铃木与唄、中川与泉、高野、广中、品川等学者的观点）。

民法第 909 条规定遗产分割具有溯及效力（宣示主义）。依文义解释，A 死亡后，其子 B 和 C 继承其财产，依遗产分割协议，C 单独继承不动产而 B 单独继承动产的，该不动产在 A 死亡的瞬间立即归属于 C，对于该不动产而言，B 自始不享有任何权利，故 C 可以在不完成登记的情

〔23〕 对于完成登记手续过程中出现的问题，参见幾代通「不動産相続登記の実態」法学 28 巻 2 号（1964 年）137 頁、原島重義「遺産分割と登記手続」中川善之助教授還暦記念家族法大系刊行委員会編『家族法大系 Ⅶ』（有斐閣，1960 年）29 頁。

〔24〕 民法第 909 条的但书系溯及效力的限制规定，所以不适用于遗产分割后的第三人（最高裁判所 1971 年 1 月 26 日判决，最高裁判所民事判例集 25 巻 1 号 90 頁）。关于遗产共有的性质，参见品川孝次「共同相続財産の法的性質（一）」ロー・スクール 25 号（1980 年）64 頁以下、鎌田薫「遺産共有」川井健 = 鎌田薫編『基本問題セミナー民法 3 親族・相続法』（一粒社，1990 年）184 頁以下等。

〔25〕 最高裁判所 1971 年 1 月 26 日判决，最高裁判所民事判例集 25 巻 1 号 90 頁。

况下,对B的受让人D主张自己已经单独取得不动产的所有权。[26]

对此,前引最高裁判所判决认为,“遗产分割溯及至继承开始时发生效力,但对于第三人而言,继承人已经根据继承取得的权利,实质上在遗产分割时发生了变动”,故应适用第177条的规定。多数学者也认为,B持有的继承份额在C和D之间发生了二重让与。然而,应当注意,仅就1/2的继承份额发生二重让与关系,所以D即使将不动产登记在自己名下,也只能向C主张已经取得1/2继承份额的所有权,主张取得全部份额的所有权需要依据其他法理。[27]

2. 关于放弃继承,前引最高裁判所1967年1月20日判决认为,继承人在第915条规定的期间内作出放弃继承的意思表示的,“继承人溯及至继承开始之时不享有继承权,该效力具有绝对性,未经登记,对任何人有效”,学说对此表示赞成。(品川、有地、森泉、薮、中川与泉、广中、铃木与呗、高木等学者的观点)。

3. 民法规定遗产分割和放弃继承都具有溯及效力(第909、939条),但对于前者,判例和通说强调溯及效力的拟制,作为对抗问题处理;而对于后者,却贯彻溯及效力,认为放弃继承人名下的登记是无效的。为什么两者的处理会出现不同呢?

最高裁判所1971年判决区分遗产分割的效力和放弃继承的效力的理由是:①第909条但书是限制遗产分割溯及效力的规定,而放弃继承具有绝对的溯及效力;②继承开始后遗产分割前需要保护的第三人出现的可能性较大,而放弃继承在短时间内便可以完成,而且存在法定的单纯承认制度,故第三人出现的可能性较小;③遗产分割后,信赖分

---

〔26〕 相同观点可参见加藤一郎「遺産の分割・909~914条」中川善之助編『註釈相続法(上)』(有斐閣,1954年)205頁。

〔27〕 但是,我妻栄=唄孝一『相続法(判例コンメンタールⅧ)』(コンメンタール刊行会,1966年)144頁认为“需要具备遗产分割的对抗要件”,高木多喜男「遺産分割と登記」奥田昌道ほか编『民法学7』(有斐閣,1976年)279頁、森泉章「遺産分割と登記」中川善之助先生追悼現代家族法大系編集委員会編『現代家族法大系5』(有斐閣,1979年)109頁认为,不仅是B的继承份额,而且C就自己的法定继承份额享有的持份权,未经登记也不能对抗第三人。

割前的登记外观的第三人出现的可能性要比放弃继承高。学说对此进一步补充,提出如下理由:④放弃继承是使继承资格溯及消灭的行为,而遗产分割是包括赠与在内的交换行为;⑤是否放弃继承可以通过家庭裁判所确认;⑥如果不贯彻放弃继承的溯及效力,则既能对第三人主张物权又能免于承担债务。[28]

4.判例和通说列举的理由中,从理论逻辑的角度来说,①与④最为重要,[29]对于④,批判观点认为放弃继承也可以被理解为所持份额的赠与。[30] 如果继承的财产不存在任何债务,主要为了简化程序,不通过作出放弃继承的意思表示的方法,而是在考虑期间内达成协议,将全部继承财产归属于其中一个继承人时(事实上的放弃继承),是否可以将其与作出放弃继承的意思表示的情况作完全不同的处理,还存在疑问。对于①,也可以认为民法第939条之所以没有限制溯及效力,是因为继承开始后放弃继承前第三人出现的可能性极小,[31]故没有必要限制溯及效力。换言之,因为第921条第1号具有与规定遗产分割的第909条但书规定相同的功能,故没有必要再另外设置限制溯及效力的规定,并不是对两者的溯及效力设置差异。另外,对于判例提出的理由③,简单地认为没有必要保护放弃继承后出现的第三人,也是有疑问的,理由⑤也不具有任何的实际意义。[32]

---

〔28〕 甲斐道太郎「相続放棄と登記」加藤一郎ほか编『家族法判例百選(第三版)』(有斐閣,1980年)221頁、品川孝次「相続と登記」加藤一郎=米倉明編『民法の争点Ⅰ』(有斐閣,1985年)112頁、藪重夫「相続放棄と登記」中川善之助先生追悼現代家族法大系編集委員会编『現代家族法大系5』(有斐閣,1979年)111頁等参照。

〔29〕 ②只是对理由①的重述,并未涉及如何处理遗产分割后或放弃继承后出现的第三人与继承人之间的关系问题。

〔30〕 星野英一「遺産分割により遺産に属する財産」法学協会雑誌90巻2号(1973年)405頁(星野英一『民事判例研究三1』(有斐閣,1990年)157頁)。

〔31〕 结合第921条的规定,此种情形很难设想出现扣押债权人以外的第三人,如后文所述,这种情况下一般不对扣押债权人进行保护。

〔32〕 C谎称B已经放弃继承而自己的持份份额相应增加,欲与C完成交易的人可以确认B是否已经放弃继承,但以B仍具有继承份额为前提,而与C进行交易的,因为B可能在某个裁判所作出了放弃继承的意思表示,要求其对此进行调查是不切实际的。

由此可见,采用"一刀切"的方式,就遗产分割适用对抗问题的逻辑,而放弃继承适用"无权利法理",未必能够令人信服。

5. 但是,不能忽视以下几点内容。正如解决"撤销与登记"问题那样,[33]判例在认定是否属于对抗问题时,特别注重"权利人是否存在能够完成登记而懈怠"的情况。结合这一点来看,遗产分割、放弃继承以及遗产分割前的遗产共有都可以依法完成相应登记,但在实践中,正如前文所述,一般在最终的遗产分割结束前不会完成登记,鉴于此种情况,虽然在遗产分割结束时,遗产之上的权利关系的浮动状态终止,应该立即完成登记,但即使放弃继承,也并未因此最终确定共同继承人之间的权利关系,只不过是从包括放弃者在内的全体继承人的共有状态变为除放弃者之外的其余继承人的共有状态,不及时完成登记也在情理之中。[34]

但是,当共同继承人B、C中,B放弃继承,C表示单纯承认的,因为权利关系得以确定,故C在知道B放弃继承之后应立即办理登记。因此,如果认为登记具有的纠纷解决功能的依据在于"权利人能够完成登记而未登记",则不应该将遗产分割的情况和放弃继承的情况区分对待。另外,在遗产分割的情况下,按照判例和通说观点,对于本节"1"的设例,D仅能取得1/2的继承份额,但根据前述价值判断,在遗产分割手续完成时,C能够将不动产登记在自己名下,故可以以C未完成登记为由使其丧失全部的所有权。

我认为,不管是遗产分割,还是放弃继承,如第二节所述,当因真正的权利人的归责事由造成虚假的权利外观以及外观状态存续的,应当肯定善意以及善意无过失的第三人取得了权利。论证该结论可以是根

〔33〕 参见本书第116页(原著对应页码——译者注)的内容。

〔34〕 相同观点可参见遠藤浩「遺産分割と登記」加藤一郎ほか編『家族法判例百選(第三版)』(有斐閣,1980年)219頁、有地亨「遺贈と対抗要件」川井健『判例と学説4』(日本評論社,1976年)312頁、広中俊雄『物権法(第二版増補)』(青林書院,1987年)153頁等。

据无权利法理类推适用第94条第2款(如果不与现在的判例和通说观点正面冲突),或作为对抗问题处理,灵活认定“背信恶意人”。[35]

6. 不管是采取表见法理还是背信恶意人排除法理,都应当考虑如何处理扣押债权人的问题。[36] 尤其是在放弃继承的情况下,继承权人与扣押债权人之间比较容易出现纠纷。[37]

债权人本来只可以从扣押时债务人现有财产中获得清偿,即使债权人期待债务人将来继承遗产,而且不放弃继承,并在遗产分割中取得不动产,这种期待也不值得法律保护。一般认为扣押债权人属于民法第177条的第三人,但在这种情况下,既不会产生固有意义上“对抗问题”,也不会对扣押债权人的“信赖”提供保护,实施扣押只是为了判定物权是否已经脱离债务人的支配,以及发挥一种类似公证的功能,防止债务人通过虚假的让与行为逃避债务。所以应当从这种角度出发重新考虑扣押债权人的保护问题,至少在放弃继承的情况下,向家庭裁判所作出放弃继承的声明也能满足公证的要求,此时便无须保护扣押债权人。关于放弃继承与登记的问题,判例之所以消极保护第三人,或许是因为结合第921条第3号的规定,难以想象出现扣押债权人以外的第三人。

7. 如上所述,在“继承与登记”的问题上,关键在于应该保护未完成登记的继承人,还是保护信赖登记的第三人或信赖共同继承外观的第三人,若应当对前者进行保护,则适用“无权利法理”,若应当对后者进行保护,则作为“对抗问题”处理。

---

〔35〕 例如,広中俊雄『物権法(第二版増補)』(青林書院,1987年)153頁认为,关于遗产分割与登记,对超出法定继承份额的部分,依“对抗问题”的逻辑,将单纯恶意人作为背信恶意人排除,对于法定继承部分,类推适用第94条第2款。然而,第177条和第94条第2款在第三人的保护要件上存在微妙的差异,极易导致法律关系的错综复杂,故应当对所有的继承财产适用统一的理论进行说明。

〔36〕 鈴木禄弥=唄孝一「遺産分割と登記」鈴木禄弥『物権法の研究』(創文社,1976年)366頁、星野英一「相続放棄による所有権取得と登記」法学協会雑誌85巻2号(1968年)224頁(星野英一『民事判例研究二1』(有斐閣,1971年)168頁)、石田喜久夫「相続放棄と登記」民商法雑誌57巻2号(1967年)217頁(石田喜久夫『民法第一七七条の判例』(成文堂,1984年)120頁)等参照。

〔37〕 此处讨论的是继承人的固有债权人,如果是被继承人的债权人,不会产生复杂问题。

构建理论体系,对遗产共有的性质、遗产分割的溯及效力以及放弃继承的溯及效力的解释方法发挥着重要作用,但应当以遗产共有的浮动状态为前提,关注未完成继承份额登记具有的非难可能性的程度,进行实质的价值判断。可见,与“撤销与登记”问题相同,解决“继承与登记”问题最直接的路径就是类推适用第94条第2款或其他表见法理。

据此,过去被当作“对抗问题”处理的案件以及通过适用“无权利法理”否定对第三人保护的案件,都可以通过类推适用第94条第2款来解决,另外关于第177条,随着“背信恶意人排除”法理的灵活适用,有必要对何为固有意义上的“对抗问题”进行反思。“公信力说”认为第177条是“表见法理”的一种具体表现。这种观点是否恰当以及是否具有适用可能性,还需今后进一步的讨论。

【追加内容】

(1)2018年日本民法修改后,因遗产分割等取得超过法定继承份额的遗产的,对超出部分,未经登记或具备其他对抗要件,不得对抗第三人(第899条之2第1款)。修改后的规定是对本章第一节2(3)、(4)中判例法理的明文化,所以采取第94条第2款类推适用法理的观点将变得困难。

本条同样适用于除遗产分割以外,通过遗嘱确定继承份额或根据遗嘱将特定财产归属于某一共同继承人的情形,但无法适用于放弃继承的情形。继承人放弃继承的,其他继承人的份额相应增加,但这是法定继承份额变更导致的结果,不是因为取得了超出法定继承份额的遗产。因此,今后仍应维持第一节2(5)的判例观点。

(2)本章指出,继承开始后、遗产分割前,共同继承人一般不会办理共同继承登记,但如果经过几代仍未完成登记,将出现土地所有权人不明的情况,妨碍土地的有效利用。为此,日本于2021年修改了《不动产登记法》,规定对所有权登记名义人发生继承的,因继承取得所有权的人应在继承开始后及知道因继承取得所有权后的3年内，提出所有权移转登记的申请(《不动产登记法》第76条之2第1款)，也可以向登记官提出证明自己是继承人的申请(《不动产登记法》第76条之3第1、2款)；办理法定继承份额的共同继承登记后分割遗产的，因遗产分割取得超出法定继承份额的所有权的继承人，应自遗产分割之日起3年内提出所有权移转登记的申请(第76条第2款、第76条之3第4款)。上述申请移转登记的义务均为公法上的义务，不会直接发生私法上的效果，但无正当理由拒不提出申请的，将被处以10万日元以下的罚款(《不动产登记法》第164条第1款)。

CHAPTER 09 >>

第九章

取得时效与登记

第一节 绪 论

B 经过长期占有时效取得了 A 所有的不动产，但 A 将不动产出卖给 C，并完成了变更登记时，如何处理 B、C 之间的法律关系呢？

如果时效取得不动产的所有权必须完成登记否则不能对抗第三人，则时效取得者 B 必须在时效完成的同时办理登记。只有恶意占有人能够在时效完成的同时办理登记，而深信自己是不动产所有权人的善意占有人反而会遭受不利益吗？而且，当时效取得者主张“已经时效取得”，要求原所有权人移转登记时，原所有权人会欣然应允吗？除在占有开始时完成登记的情况以外，时效取得者事实上不可能享受时效取得的恩惠，不动产的时效取得制度能够发挥作用的空间极其有限。

如果认为取得时效仅需满足持续占有的要件，无须具备登记要件，可以在不具备登记要件的情况下对任何人主张自己已经时效取得所有权，又将如何呢？只要完成了取得时效，登记簿上的记载将不能表示真正的权利关系，想要取得不动产所有权的人仅依靠登记簿的记载是徒劳的，必须通过某种手段确认现在的占有人以及占有的由来、性质和期间。这样将会显著削弱登记制度的功能。

应该保护以登记为基础的交易，还是尊重长期持续占有的效力呢？不管采取哪一种观点，都会出现问题。在这种情况下，需要重新回归到制度本来的目的展开讨论，然而无论是对于时效制度的问题，还是第177条的“对抗”意义，学说上都存在激烈的争议。取得时效与登记是民法学难题中的难题。产生这种难题的原因在于日本民法规定时效期间的进行与完成与登记毫无关系，有观点认为应效仿德国法，将登记作为时效取得的要件（末川博），但登记簿时效制度不适合采取意思主义和对抗要件主义的我国法，而且引入登记簿时效制度也未必能够得出合理的结论。

第二节　判例法理及其问题点

不管问题如何艰难，裁判所必须提供解决方案。判例认为，时效取得也需要遵循未经登记不得对抗第三人的一般原则，对第三人的范围确立了如下原则：(1)时效完成时的所有权人因时效丧失所有权，故所有权人与时效取得者的关系相当于继受取得情形的“当事人”；(2)但是，在时效完成后，对该不动产具有物权性质的利害关系的人属于第三人。[1] 对于文章开头部分的设例，如果C受让不动产是在时效完成以前，则B未经登记也能以时效取得对抗C，但如果C受让不动产是在时效完成以后，

〔1〕 详细参见本书第54页以下（原著对应页码——译者注）的内容。

则B、C之间的关系变为与二重让与相同的关系,B未经登记不得以时效取得对抗C。判例法理以时效完成时为标准,对时效完成前的受让人和时效完成后的受让人采取完全不同的处理,受到学界强烈的批判。

从时效制度的目的来说,占有期间越长越应受到法律的保护,但根据判例法理,对于占有期间届满前出现的受让人,时效取得者未经登记也能对其主张时效取得,却不能对抗经过10年乃至20年的占有期间后出现的受让人。反而长期占有的保护力度弱。

另外,民法第162条为了使善意无过失的占有人比恶意人占有人更容易实现时效取得,缩短了时效期间,但是,例如,在占有开始后的第18年第三人出现并完成登记的,主张10年时效期间的善意占有人将败诉,而经过20年后援用时效的恶意占有人反而能够获得保护。这明显背离了民法预想的结果。[2]

同样地,依据判例法理,时效取得者须在时效完成时办理登记,但可能完成登记的只有恶意占有人,这将导致恶意人占有人比善意无过失的占有人更容易获得保护的不当后果。

而且,从第三人C的角度来说,若自己想要取得的不动产之上存在占有人,对占有的性质、是否具有瑕疵、占有期间等进行调查后发现时效已经完成的,就会安心地购买该不动产,而如果发现时效尚未完成,则须放弃购买或立即采取终止措施,但这在实践中是不可能的。

当然,判例法理以时效完成时为标准进行区分,也并非完全没有道理,因为在时效完成前不可能完成时效取得的登记,无法对其未完成登记进行非难,而在时效完成后可以办理登记,未经登记不能对抗第三人,判例法理的背后存在解决撤销与登记等问题时也能遇到的、充盈着

〔2〕 通常,善意无过失的占有人有权主张20年的取得时效,但如下文所述,问题是如何处理好它与能够办理登记后,适用对抗问题的逻辑之间的关系。

浓厚实务色彩的价值判断。对此应予以关注。

第三节 尊重登记说的观点

为了依据登记簿记载的内容迅捷安全地完成交易,近代的不动产交易必须遵循判例提出的"时效取得未经登记不得对抗第三人"的原则。在坚持该原则的基础上,为了消除判例法理的矛盾及弊端,当在时效完成以前根据登记状态取得物权时,在登记以后若未满足时效取得所需的必要期间持续占有不动产的,应当认为时效取得不发生效力。否则,短期占有人比长期占有人更容易获得保护,仅依据登记簿的记载进行交易尚不充分,还需详细调查是否存在占有人、占有的性质、是否具有瑕疵、占有期间等。采取此种解释,登记将变为时效的中断事由(我妻、末川、铃木、川井)。

但是,将登记作为时效的中断事由,未免有些牵强。因为取得时效的中断事由除自然中断外,仅限于真正的权利人直接向占有人主张权利或占有人承认自己不享有任何权利的情形。甲土地的受让人B误以为乙土地的一部分属于甲土地开始占有,乙土地的所有权人A将乙土地出让给C并完成了登记。但是,A和C都以为B占有的部分全部属于甲土地的范围,无论如何也预想不到乙土地的一部分正在完成时效,这种情况有必要认为在任何人都不知情时时效发生了中断吗?有学者认为,在这种情况下,因为B是基于时效取得乙土地的一部分,而C是有偿取得者,故可以认为时效发生中断,[3]但在一般情况下,B对全部

〔3〕 良永和隆「取得時効と登記」半田正夫等編『森泉章教授還暦記念論集・現代判例民法学の課題』(法学書院,1988年)261頁等。

的占有部分支付对价,而C仅就除B占有部分之外的剩余土地支付对价,如果否定B的时效取得,反而会对C不利。当在B时效完成之后,A、C达成交易,认为C只要先完成登记便可以否定B的时效取得,会产生同样的问题。

若采用尊重登记说(登记时效中断说)的观点,只要每九年完成一次让与和登记,就永远不可能完成取得时效,虽然这种批判多少有些吹毛求疵之嫌,但若采用尊重登记说的观点,要求时效取得者在时效完成的同时办理登记,无异于强迫时效取得者完成根本不可能完成的工作。

第四节 尊重占有说的观点

川岛博士进一步发展了末弘博士提出的逆推时效期间的观点,主张时效制度的目的在于通过占有持续的事实这一法定证据决定谁是“真正的”权利人,制度本来的意义在于,不是拘泥于探究何时为时效期间起算点这一过去的事实,而是从现在逆推至过去计算出时效期间,制造法定证据。判例法理纠结于占有持续过程中“真正的”权利人是否完成权利变动或登记以及时效期间起算点的问题,背离了时效制度本来的目的和意义。

确如川岛博士所言,近代法上的取得时效制度发挥着以一定期间的占有持续代替权源的完全证明[4]的功能,实际上,比如在法国,欲取得不动产的人必须从现在追溯至过去的30年的取得时效期间,详细调查权源的由来和占有的继受状况,而且只需要完成这种调查,现在依然采取这种模式。

---

〔4〕 必须完全证明从权利的起源至现在整个连续的有效物权变动过程。

但是，也有批判意见认为，如果采用此种观点，时效取得者通常援用现在的时间为时效完成时的时间，在不具备登记的情况下，可以向现在的登记名义人主张依时效的权利取得，不当地限制了登记制度的功能。

川岛博士对上述批判进行了如下回应："根据日本民法典的规定，取得时效的完成仅以占有持续为要件。问题是在法律关系的处理上，登记这种法定证据和占有持续的时效这种法定证据中哪一种法定证据相对比较重要，日本民法典的基本构想未必百分之百不合理，贯彻登记公示原则也未必百分之百合理。我认为与解释第 177 条的'第三人'相同，完全可以根据民法典的基本构想解释取得时效制度。"〔5〕

此外，也有观点认为，时效取得不会出现"对抗问题"，故无须判断是否存在登记(於保、原岛)。比较有趣的现象是，无论是从时效制度的目的出发的解释论还是从对抗问题出发的解释论，都得出应尊重占有(无须登记)的结论，但是，不可否认时效期间届满后，对该不动产完成登记将不再具有任何意义。〔6〕 所以，仍有必要在前述川岛观点的基础上，探求更令人信服的正当依据。

第五节　新的解释路径

时效与登记这两种制度复杂交错使问题的解决变得极为困难，出现了重视一方则贬损另一方的两难境地。虽然也有观点试图调和两者的关系，但无论哪一种观点实际上都只得出了尊重占有的结论，比如主

---

〔5〕 川島武宜『民法総則』(有斐閣，1965 年)572 頁。

〔6〕 既然存在登记，不可避免地会出现信赖登记而进入交易关系的人，但从其不能取得权利这一点来说，登记成为欺骗他人的有害无益的制度。

张对抗时效完成后的第三人须完成登记而时效援用者可以任意选择时效期间起算点的观点（柚木）、主张肯定时效取得的判决确定后未经登记不能以时效取得对抗第三人的观点（舟桥）、主张从援用时效开始需要完成登记的观点（半田、滝沢）。令人感到意外的是，判例法理或许是最折中稳妥的解决路径。

安达三季生教授于 1968 年在《法学志林》第 65 卷第 3 号第 1 页发表论文《取得时效与登记》，[7] 文中指出，过去被当作“时效与登记”处理的许多案件，实际上是关于二重让与的案件，即 A 将不动产出让给 B，虽转移占有但未办理登记，此时 A 又将同一不动产出让给 C 并完成登记，所以应当以二重让与的案例为出发点，重新建构理论体系。安达教授对于登记对抗的意义，采取法定证据说的观点，从取得时效制度兼具实体法规定和法定证据的属性出发，提出了一种时效中断说（尊重登记说）的观点。

虽然安达教授观点的支持者不多，但其指出判例法理形成于二重让与案件这一点至关重要。因为只有认为时效完成前不能完成登记，而时效完成后可以办理登记，判例法理才具有正当性。在二重让与的案件中，时效取得者（未完成登记的第一个受让人）在占有开始之初便能够完成登记，故动摇了判例法理的正当性基础。当然，也可以认为未完成登记的让与行为与取得时效系不同的物权变动原因，故应分别考察各自的效果。[8] 但是，在典型的对抗问题即二重让与案件中，仍然面临取得时效阻断登记的纠纷解决功能是否合理的问题，换言之，10 年期间的占有（第一个受让人须满足善意无过失的要求）填补登记欠缺的状态是否合理。

---

〔7〕 安達三季生「取得時効と登記」法学志林 65 巻 3 号(1968 年)1 頁。

〔8〕 前提是对自己所有的物也能完成取得时效。

而且，关于二重让与案件的讨论促使我们反思逆推时效期间的观点。例如，A 将自己所有的不动产让与给 B，移转了占有和登记。9 年后，B 将不动产让与给 C，仅移转占有未变更登记。又过了半年，B 又将同一不动产让与给 D，并办理了变更登记。1 年后，发生纠纷。本案中，当 A、B 之间的让与行为无效（假设 B 善意无过失），A、C 之间发生争议的，C 可以合计出让人 B 的占有期间和自己的占有期间，主张已经通过十年半的占有完成取得时效。但是，当 C、D 之间发生争议时（假设 A、B 间的让与有效），C 是否依然可以将 B 的占有期间算入自己的占有期间，在不完成登记的情况下，以时效取得对抗 D 呢？如果持肯定回答，则第 177 条便没有了用武之地。可见，仍然需要探明过去的事实，根据纠纷当事人的关系确定时效期间的起算点。

由此观之，主张根据具体的纠纷类型得出具体解决方案的学者，就二重让与型纠纷采取登记时效中断说的观点，值得赞同（安达、山田、星野、广中）。

但是，正如在讨论尊重登记说的观点时列举的分界线认识错误案件那样，当无法期待时效取得者完成登记，第三人也没有意识到已经取得该土地部分时，应与典型的二重让与案件区别对待。关注此问题展开讨论的是星野英一教授发表的《取得时效与登记》论文。[9] 星野教授认为，“根本的问题在于，对于具有未完成登记这一弱点（姑且称其为瑕疵）的占有人而言，是否可以承认长期占有治愈了未完成登记的瑕疵。对于各种类型的案件（含二重让与案件在内的有效未登记类型、原因无效类型、原因不存在类型、转移占有类型、传统类型、界线纠纷类型——引用者注），应通过考察因为何种原因导致未完成登记、对未完

〔9〕 星野英一「取得時効と登記」竹内昭夫編『鈴木竹雄先生古稀記念・現代商法学の課題（中）』（有斐閣，1975 年）825 頁（星野英一『民法論集 4 巻』（有斐閣，1978 年）315 頁）。

成登记具有何种程度的归责性、受让人信赖登记名义人的登记是否具有合理性等因素,提出具体案件类型的解决方案”,当前,建议就二重让与案件适用时效中断说,就界线纠纷型案件原则上适用占有尊重说。有学者认为,星野教授的观点颇具魅力,可以通过灵活运用背信恶意人排除法理得出合理的结论,[10]不过也有学者担心二重让与案件与界线纠纷型案件的区分比较困难。[11]

第六节　其他解释路径

《法学セミナー》杂志第115期(1965年10月)发表了篠塚昭次教授的《时效取得与登记》论文。[12] 该文提出了“公信力说”的解释路径。在背信恶意人排除法理逐渐向恶意人排除说接近、第94条第2款的类推适用案件不断积累的现实面前,不能无视公信力说的解释路径。切勿忘记,最近尊重登记说的观点也提到可以通过灵活运用背信恶意人的概念确保具体结论的合理性。

篠塚昭次教授的“公信力说”主张否定“二重让与”的成立可能性,牺牲对未完成登记具有归责事由的真正权利人(如第一个买受人)的利益,保护误以为登记簿的记载是真实的善意无过失的第三人(如第二个买受人)的利益。该观点的着眼点在于,只要未完成登记的权利人正实际使用(占有)不动产,第三人就是恶意的或者具有过失,不能通过“公信力”获得保护。与从其名称所获得的印象恰好相反,公信力说的观点

〔10〕 参见広中俊雄『物権法(第二版増補)』(青林書院,1987年)154頁以下。

〔11〕 参见安達三季生「取得時効と登記」石田喜久夫編『判例と学説2』(日本評論社,1977年)205頁以下。

〔12〕 篠塚昭次「時効取得と登記」法学セミナー115号(1965年),该文收录于篠塚昭次『論争民法学1』(成文堂,1970年)。

比判例和通说观点更加注重财产的静态安全。

依此观点得出的结论与星野观点恰好相反，实际上在该土地上居住生活但未完成登记的第一个受让人，比将邻地的一部分当作自家庭院的一部分而占有的人，更容易受到法律保护。[13] 但是，直接将是否实际使用不动产作为一项判断标准比较困难。充其量只能在认定第三人是否满足善意无过失要求时，考虑这一因素。即便如此，要求从真正权利人手中受让取得时效进行过程中的标的物的人具备善意和无过失，不具有任何意义。[14]

由此可见，关于时效取得与登记，仍然存在许多较难解决的问题。最近的学说观点倾向于比较衡量时效取得者对未完成登记是否具有归责事由、第三人信赖登记是否具有合理性、未完成登记的占有人保护的必要性等因素，得出能够充分发挥时效和登记两种制度作用的解决方案。[15] 本书也采用相同的思路，立足“公信力说”，提出如下解决方案。

(1)在二重让与的案件中，取得占有但未完成登记的第一个受让人B是真正的所有权人，出让人A只不过是具有登记权利外观的无权利人(表见所有权人)，A、B之间不会发生时效取得的问题。

(2)表见所有权人A的第二个受让人C是恶意时，不能取得所有权，B无须通过时效取得，便可以基于自己的所有权对抗C。

(3)若C是善意(无过失)的，B不能向C主张自己是真正的所有权人，此时B成为“他人之物”的占有人，取得时效开始进行。

(4)像上述(3)中的B以及界线纠纷型案件，“他人之物”的占有人可以在不完成登记的情况下，以时效取得对抗时效完成时的所有权人。

〔13〕 相比界线纠纷型的案件，判例法理也倾向使二重让与案件中的时效取得者胜诉。

〔14〕 这里所说的善意无过失，是指不具有正当权限，但误信自己具有正当权限，并且对于这种误信不具有过失，对于真正的权利人的受让人而言，不存在善意和恶意的问题。

〔15〕 试图通过详细考察相关当事人的利益状况得出合理结论的论文参见水本浩「取得時効と登記」立教法学19号(1980年)1頁・20号(1981年)160頁・23号(1984年)114頁等。

从此时开始,登记名义人成为表见所有权人,其受让人非善意(无过失)的,不能取得所有权。[16] 善意(无过失)的受让人出现以后,时效取得者重新成为"他人之物"的占有人,取得时效再次开始进行。

本书观点的前提是,只要证明自己是物的所有权人,取得时效便不再进行。过去承认对自己所有的物也能完成取得时效,是当无法证明权源以及未具备对抗要件时。姑且不谈前者,对于后者,虽然可以据此保护未完成登记的占有人,但是,只要要求第三人须具备善意,就没有必要再承认取得时效,承认只会徒增弊端。另外,对于本书提出的观点,多数批判意见认为,因为是在"公信力说"的基础上提出的观点,故无论如何也不能表示赞同。对这种批判意见暂不予反驳,但本书提出的"只要证明自己是物的所有权人,取得时效便不再进行"的命题,与其说是仅根据"公信力说"提出的命题,毋宁说这个命题能够从文义解释的角度,逻辑自洽地推导出与时效中断说相同的结论。

但不可否认的是,包括本书观点在内的判例及多数学说的观点在 B 的占有期间、援用 B 的占有期间的必要性以及时效的溯及力等问题上,仍然存在需要解决的课题。[17]

【追加内容】

因裁判上的请求或承认阻碍时效进行或完成的,称为"时效中断"。2017 年民法修改后,称谓变为"更新"或"缓期完成"。因此,本章内容关于"中断"的表述,相应替换为现行法上的"更新"。

---

〔16〕 加藤一郎「取得時効と登記」加藤一郎『民法ノート(上)』(有斐閣,1984 年)70 頁以下根据尊重占有说(逆推时效期间说),对于时效取得者明知能够完成登记但放任他人名下的登记状态存在时的第三人保护问题,也认为可以通过类推适用第 94 条第 2 款得出相同的解决方案。

〔17〕 参见山田卓生「取得時効と登記」来栖三郎 = 加藤一郎編『川島武宜還暦記念論文集・民法学の現代的課題』(岩波書店,1972 年)103 頁以下、滝沢聿代「取得時効と登記」成城法学 19 号(1985 年)1 頁・22 号(1986 年)19 頁等。

CHAPTER 10 >>

第十章

不动产取得时效完成后的受让人与背信恶意人

第一节　绪　论

依判例法理,时效取得者不能以时效取得对抗从原权利人手中受让不动产并完成所有权移转登记的第三人。但当第三人为背信恶意人时,应当认为第三人无权主张时效取得者未具备登记。

根据判例和通说的观点,背信恶意人是指对"实际存在物权变动的事实"知情,且"提出该物权变动未完成登记的主张违反诚实信用原则"的人。依此观点,时效完成后从原权利人手中受让不动产并完成移转登记的第三人成为背信恶意人的前提是,该第三人对"时效取得所有权的事实"知情。

但是,依时效取得所有权,须具备10年或20年的自主占有的持续状态。即便知道不动产为登记名义人以外的人占有,也较难知悉占有的性质、占有开始的时间以及占有开始时占有人是否为善意无过失。

此外,有力观点认为,即使没有意识到已经满足全部的取得时效成立要件,若对占有人长时间占有并使用该不动产知情,也可以认为第三人提出未完成登记的主张具有背信性。

关于这一问题,最高裁判所第三小法庭2006年1月17日判决[1]作出的判断非常值得关注。该判决认为,当甲完成取得时效后,乙受让不动产并完成所有权移转登记时,欲证明乙系背信恶意人,虽无须证明乙"完全具体地认识到甲已经满足时效取得成立要件",但至少需要证明乙"对甲长时间持续占有的事实"知情,仅主张"乙只要经过详细调查便能够轻易得知甲已经时效取得的事实"尚不足以认定乙的背信恶意性。

第二节 事实概要与裁判要旨

一、事实概要

1. X等人于1996年2月购买了本案土地(土地用途为蓄水池,面积为52m^2),但本案土地的大部分都被邻地A及A土地之上的建筑物(接待客人用的设施)所有权人Y作为专门进出国道的道路使用,于是为了确认该道路中属于本案土地的部分(以下简称本案道路部分)的所有权以及请求Y撤去铺设的混凝土,X提起了本案诉讼。

对此,Y主张,自前主于1973年3月将本案道路部分作为从国道专门进出A土地及B建筑物的道路,自主占有期间超过20年,而且自1986年开始,前主取得A土地以及本案道路部分,持续占有期间超过10年,自己已经时效取得所有权以及通行地役权,据此Y提起反诉,请求确认自己对本案道路部分的所有权,预备诉讼请求确认对本案道路

[1] 最高裁判所第三小法廷2006年1月17日判决,最高裁判所民事判例集60卷1号27頁。

部分的通行地役权。

对Y提出的上述主张，X等人主张Y未完成登记，Y则主张X等人为背信恶意人。

2. 原审判决认为，X等人为了开设鲜鱼店铺而购买C土地，为筹集开业资金向银行贷款，银行指出C土地正面朝向国道的宽度狭窄，为了拓宽道路，X等人购买了本案土地，所以X等人并不是为了给Y造成麻烦，但是，在购买本案土地时，X等人知道Y已经将本案道路部分作为进出A土地和B建筑物的道路使用，且如果Y不能利用本案道路部分，将很难从国道进出A土地和B建筑物，因为X等人只要详细调查便能很容易地知道Y已经时效取得本案道路部分的事实，故对于Y时效取得的所有权，X等人没有合理理由主张Y未完成登记，判决认可了Y的反诉请求。X等人提出上诉。

二、裁判要旨

撤销部分原判发回重审，驳回部分请求。

(1)“依时效取得不动产所有权的人，可以依据时效取得的所有权对抗时效完成前受让取得该不动产并完成所有权移转登记的人，但只要不具有特殊事由，不能对抗时效完成后受让该不动产并完成所有权移转登记的人。”

因为X等人是在Y时效完成后，购买本案道路部分并完成了所有权移转登记，故只要不具有特殊事由，Y不能基于时效取得的所有权对抗X等人。

(2)“关于民法第177条规定的第三人，一般不区分第三人的善意和恶意，但对实际存在的物权变动知情，且提出该物权变动未完成登记的主张违反诚实信用原则的，就主张未完成登记不具有正当利益，该背信恶意人不属于第177条规定的第三人。”

因此,对于甲时效取得的不动产,当在取得时效完成后乙受让该不动产并完成所有权移转登记的,乙在受让该不动产时,知道甲已经对该不动产长时间占有的事实,提出甲未完成登记的主张违反诚实信用原则的,应当认定乙为背信恶意人。对于是否完成取得时效,鉴于无法轻易认识和判断取得时效要件是否满足,乙即使不能完全具体地认识到甲已经满足取得时效的成立要件,也有可能被认定为背信恶意人,在这种情况下,至少应当证明乙对甲长时间持续占有的事实知情。

(3)根据以上判断,本判决认为,对于Y对本案道路部分的时效取得,X等人构成背信恶意人的前提必须是,X等人在购买本案土地时,对Y长时间持续占有本案道路部分的事实知情。然而,原审判决在没有确认X等人对Y长时间持续占有的事实知情的情况下,单纯认定X等人在购买本案土地时,知道Y已经将本案道路部分作为通路使用,并且知道Y如果不能使用将很难进出国道,X等人只要进行调查便能很容易地知道Y时效取得的事实,故对于Y时效取得的本案道路部分,X等人提出未完成登记的主张不具有正当利益,应排除在第三人范围之外,该原审的判断存在明显的影响判决结果的违法情形。因此应对X等人是否属于背信恶意人进一步审理,故将本案发回原审。

第三节　先例与学说

一、时效与登记

依判例法理,依时效取得不动产所有权的人未经登记,可以对抗时效完成前受让取得该不动产的人,[2]但只要不存在特殊事由,未经登记,不得对抗时效完成后受让取得该不动产的人。[3]

众所周知,学界从各种角度对判例法理提出了强烈批判,虽然有力观点认为,相信自己已经合法取得所有权并长期持续占有使用不动产的时效取得者,相比追求交易利益的已完成登记的所有权出让人,应优先受到法律保护,但本判决明确表明继受过去判例的立场。[4]

二、背信恶意人

(一)背信恶意人的含义

对于民法第177条规定的第三人,判例法理认为,对“实际存在的物权变动事实知情”,且“提出该物权变动未完成登记的主张违反诚实信用原则”的人,系背信恶意人,无权主张该物权变动未完成登记,恶意和背信性是背信恶意人的两个要件。[5]

有力观点认为,在最近的下级裁判所的判决中,裁判所倾向于只认定恶意要件,而不重视背信性要件;[6]在准当事人类型的案件中,不以第三人的恶意为要件;在不当竞争类型案件中,只要满足恶意要件,无须再判断是否满足背信性要件,便将其排除在第三人范围

---

〔2〕 最高裁判所1966年11月22日判决,最高裁判所民事判例集20卷9号1901頁;最高裁判所1967年7月21日判决,最高裁判所民事判例集21卷6号1653頁。

〔3〕 最高裁判所1958年8月28日判决,最高裁判所民事判例集12卷12号1936頁;最高裁判所1960年7月27日判决,最高裁判所民事判例集14卷10号1871頁;最高裁判所1973年10月5日判决,最高裁判所民事判例集27卷9号1110頁。

〔4〕 判例和学说概要参见原島重義=児玉寛「登記がなければ対抗しえない物権変動」舟橋諄一=徳本鎮編『新版注釈民法(6)』(有斐閣,1997年)539頁以下、草野元己『取得時効の研究』(信山社,1996年)。

〔5〕 参见最高裁判所1965年12月21日判决,最高裁判所民事判例集19卷9号2221頁;最高裁判所1968年8月2日判决,最高裁判所民事判例集22卷8号1571頁;最高裁判所1968年11月15日判决,最高裁判所民事判例集22卷12号2671頁;最高裁判所1969年1月16日判决,最高裁判所民事判例集23卷1号18頁。

〔6〕 半田吉信「背信的悪意者排除論の再検討」ジュリスト813号(1984年)81頁、池田恒男「判批」判例タイムズ1219号(2006年)40頁等。

之外。[7] 认定是否构成背信恶意的实质标准是判断行为客观上是否正当,善意和恶意只是其中的一项判断因素,[8]但本判决明确表明背信性和恶意两个要件缺一不可。[9]

(二)所有权的时效取得与背信恶意人

因此,像本案这样,认定取得时效完成后从原权利人手中取得同一不动产所有权并完成登记的人为背信恶意人,必须证明其满足恶意和背信性两个要件。

其中,恶意应当被解释为对取得时效完成的事实知情,但有学者指出证明对取得时效满足成立要件知情极为困难。[10]

回顾过去的判决,多数认为,若对超出取得时效所需期间持续占有的事实或极有可能已经完成时效取得的事实知情,且为了反驳时效取得的主张将不动产让与给近亲属,或以获取不当利益为目的无偿或廉价取得不动产的,认定满足背信性的要件。[11] 而仅有一项判决未就恶意是否知情作出明确判断,该案中,受让人具有明显的恶意,其明知土地正在作为城市道路被整顿和管理,仍然“钻登记尚未完成的空子”,为

〔7〕 松岡久和「判例における背信的悪意者排除論の実相」奥田昌道等編『林良平先生還曆記念論文集・現代私法学の課題と展望(中)』(有斐閣,1982年)65頁以下、松岡久和「民法一七七条の第三者・再論」前田達明等編『奥田昌道先生還曆記念・民事法理論の諸問題(下)』(成文堂,1995年)186頁等。反对意见有吉原節夫「登記がなければ対抗しえない第三者」舟橋諄一＝徳本鎮編『新版註釈民法(6)』(有斐閣,1997年)597頁。

〔8〕 好美清光「Jus ad rem とその発展的消滅」一橋大学法学研究3号(1961年)410頁、川井健「不動産物権変動における公示と公信——背信的悪意者論、民法94条2項類推適用論の位置づけ」星野英一等編『我妻栄先生追悼論文集・私法学の新たな展開』(有斐閣,1975年)303頁(川井健『不動産物権変動の公示と公信』(日本評論社,1990年)20頁)以下等。

〔9〕 本判决之前的最高裁判所1987年11月12日判决[判例時報1261号(1988年)71頁]区分了单纯恶意和背信恶意。

〔10〕 辻正美「判批」判例時報972号(1980年)151頁(判例評論260号13頁)参照。

〔11〕 札幌高等裁判所1976年6月7日判决,判例タイムズ342号(1977年)171頁;東京高等裁判所1982年8月31日判决,判例時報1069号(1983年)105頁;名古屋高等裁判所1973年5月30日判决,判例時報1089号(1983年)54頁;東京高等裁判所1985年3月28日判决,判例時報1150号(1985年)188頁;大分地方裁判所1986年7月2日判决,判例タイムズ624号(1987年)169頁;大阪高等裁判所1988年9月30日判决,判例時報1318号(1989年)63頁。

了使市政府从自己手中购买而以极其低廉的价格取得道路用地。[12]

(三)通行地役权与登记

本案原审判决根据"X进行调查便能很容易地得知本案道路部分被时效取得的事实",认定"X等人无权主张Y时效取得的所有权未完成登记"(未明确X等人系背信恶意人)。

原审判决明显受到最高裁判所1998年2月13日判决[13]的影响。最高裁判所1998年判决明确指出,"通行地役权的供役地被转让的,从供役地的位置、形状、构造等物理状况来看,需役地的所有权人将继续作为通路使用的,且受让人认识到或能够认识到这一情况时,受让人很容易推知需役地的所有权人就供役地享有通行地役权或其他某种通行权,而且只要向需役地的所有权人核实就能很容易地调查得知是否存在通行权以及通行权的内容。因此,该受让人即便是在不知道已经设定通行地役权的情况下取得供役地的,也应当认为受让人在取得该土地时知道供役地之上存在某种形式的通行权,该受让人主张地役权人未完成地役权设定登记的,通常应认定为违反诚实信用原则"。

最高裁判所1998年判决同时指出,"作出上述判断并不是因为该受让人属于背信恶意人,故无须认定该受让人在取得供役地时对设定地役权的事实知情",明确表明采用了与背信恶意人排除说不同的法理。

(四)本判决的意义

本案件的最高裁判所判决一方面撤销原审判决,表明上述最高裁判所1998年判决法理不适用于本案,明确本案应适用背信恶意人排除法理,[14]与此同时,在判断"恶意"要件时,明确受让人"只需要认识到

---

〔12〕 大阪地方裁判所1987年8月27日判决,判例タイムズ663号(1988年)130頁。
〔13〕 最高裁判所1998年2月13日判决,最高裁判所民事判例集52卷1号65頁。
〔14〕 第三人须满足恶意,仅对时效取得具有认识可能性,尚不足以认定为恶意。

长时间持续占有的事实”,无须完全认识到取得时效已经满足成立要件,对于时效取得情况下背信恶意的认定要件,进行了一定程度的缓和。作为最早从一定程度上缓和认定背信恶意要件的最高裁判所判决,本案判决在理论和实务上都具有十分重要的意义。

第四节　评　析

一、本判决法理的射程

在最近的学说观点中,有力观点认为,判断受让人是否属于背信恶意人,不仅要结合受让人的主观状态,还应当综合考虑行为的恶性程度、是否有必要保护未完成登记的权利人等因素,判断是否违反诚实信用原则。尤其是当未完成登记的权利人已经为了生活居住或生产经营正在使用不动产时,应限制自由竞争原理的适用范围,必要时应将具有(重大)过失的善意人认定为背信恶意人,以此推导出合理的结论。[15]如果采用此种观点,在涉及未具备登记的时效取得对抗问题的案件中,占有人已经在相当长的期间内持续使用不动产,必然使背信恶意人的认定变得缓和。问题是本判决法理的出现,是否意味着上述观点可以被广泛适用于取得时效以外的案件类型。

但是,本判决是在背信恶意人必须满足恶意要件的前提下,考虑到“认识和判断取得时效是否满足成立要件比较困难”,才就取得时效情况下的恶意要件进行了缓和认定。而且,撤销适用最高裁判所1998年判决法理的原审判决意味着该判决法理仅适用于非排他性权利的通行

〔15〕 広中俊雄『物権法(第二版増補)』(青林書院,1987年)101頁以下、加藤雅信『物権法(第二版)』(有斐閣,2005年)121頁等。

地役权，并不适用于所有权归属纠纷。因此，令人遗憾的是，本判决的出现并没有给判例关于背信恶意人排除法理的发展带来变化。

另外，与最高裁判所 1998 年判决相同，本案原审判决并未就 X 等人是否具有超出正常认识限度的背信性，即 X 等人认识到自己胜诉将会给 Y 的通行造成困难，进行特别判断。因此，在发回重审的过程中，假设认定 X 等人具有恶意，是否能够直接推导出 X 等人具有能够被认定为背信恶意人的背信性，尚未可知。所以，本判决最终只是在通行地役权的限度内承认 Y 的时效取得，鼓励 Y 与 X 等人对本案道路部分共同使用。作为案件的解决，本判决的结论本身是合理的，但是否有必要追随最近学说和判例的趋势，采取更加客观和灵活的背信恶意人排除法理展开相应的解释论，存在疑问。〔16〕

二、对交易实务的影响

从过去开始，有观点便已经指出，若依据前述判例关于“时效与登记”的一般原则，欲取得第三人占有的不动产的人，必须对占有的性质、占有是否具有瑕疵、占有期间等进行调查，否则不能完成不动产的交易，但这是不切实际的，将危及不动产的交易安全。〔17〕 虽然本判决对背信恶意人排除法理的适用要件进行了一定程度的缓和，但这种缓和认定实际上并不有助于他人取得第三人占有的不动产，故从尊重登记的立场来看，本判决对交易实务造成了恶劣影响。〔18〕 而且，在二重让与型的案件中，即便占有未满足取得时效所需必要期间，只要调查占有关系便能得知第一个出让合同的存在，此时受让取得所有权的，将构成恶

---

〔16〕 日文原文的表述是“棹さすような”，该表述具有“助长”之意，应修改为“後戻りさせるような”——镰田老师追加内容。

〔17〕 参见本书第 154 页(原著对应页码——译者注)的内容。

〔18〕 星野英一「取得時効と登記」星野英一『民法論集(第 4 巻)』(有斐閣，1978 年)337 頁参照。

意,不需要借助本判决法理,便能够得出受让人应放弃交易的判断。[19]因此,从整体上来说,本判决实际上否定了只需要相信登记簿的内容便可以完成交易的观点,体现了对必须调查占有状态完成交易否则无法受到法律保护这一观点的尊重。

此外,虽然有力观点指出应就取得时效和登记问题采取类型化的解释路径,[20]但像本案这样,对于地图标识和实际情况产生争议的案件,难以判断其属于二重让与型案件还是界线纠纷型案件,故从类型化的解释角度来说,仍然存在许多亟待解决的课题。

本案评释

福永礼治「本件判批」NBL829号(2006年)10頁。

高田淳「本件判批」法学セミナー616号(2006年)119頁。

河津博史「本件判批」銀行法務21第662号(2006年)40頁。

笠井修「本件判批」金融・商事判例1248号(2006年)2頁。

池田恒男「本件判批」判例タイムズ1219号(2006年)38頁。

松岡久和「本件判批」法学教室318号別冊付録『判例セレクト2006』(2007年)21頁。

関武志「本件判批」判例時報1953号(2007年)189頁(判例評論577号11頁)。

新井敦志「本件判批」立正大学法制研究所研究年報12号(2007年)49頁。

升田純「本件判批」Lexis判例速報8号(2006年)28頁。

〔19〕 辻正美「判批」判例時報972号(1980年)151頁(判例評論260号13頁)参照。広中俊雄『物権法(第二版増補)』(青林書院,1987年)157頁以下指出,知道正在占有使用不动产的人即将完成取得时效,但不知道占有人系第一个受让人的,此时的二重受让人在很多情况下将会被认定为具有重大过失,与恶意人同等对待,进而对其适用背信恶意人排除法理。

〔20〕 星野英一「取得時効と登記」星野英一『民法論集(第4巻)』(有斐閣,1978年)等。

CHAPTER 11 >>

第十一章

登记请求权

【设例】

A将自己所有的不动产出卖给B,B又将其转卖给C,但登记簿上显示A依然为所有权人。C请求A移转登记,该请求应否被认可?若C已经支付对价但B未支付对价,或B已经支付对价但C未支付对价,该如何处理?

第一节　问题所在

设例的问题是,当存在A→B→C的物权变动时,转得人C是否有权直接请求登记名义人协助将不动产登记在自己名下(A→C的所有权移转登记)。这是从过去开始就一直讨论的"是否认可中间省略登记请求"的问题。该问题是涉及登记请求权的问题中最为重要的问题,与如何理解登记请求权以及登记制度的目的紧密相关。下文将简要介绍登记请求权的问题状况,进而对中间省略登记请求权的固有问题展开讨论。

第二节　登记请求权的意义与发生原因

一、登记请求权

登记请求权是指请求“申请登记”或“协助完成共同登记申请”的权利。登记请求权是当存在完成登记的实体法上的需要时,根据登记程序法的各项原则及其背后的价值理念,而且必须在上述原则和价值理念的要求下完成登记,否则权利无法实现而予以承认的特殊权利。例如,依买卖合同所有权发生变动的,买受人的所有权取得必须具备登记才能对抗第三人,但我国的不动产登记法为了保证登记的真实性,确立了新所有权人与现在登记名义人即出让人必须共同申请完成所有权移转登记的原则(共同申请原则)(《不动产登记法》第 60 条),买受人无法单独完成登记,必须请求出卖人协助完成登记申请程序。同样地,出卖人尽早变更登记名义,可以不再承担公租课税义务以及土地工作物责任(民法第 717 条),为了不再承担相关义务和责任,在共同申请原则的要求下,出卖人必须请求买受人协助完成变更登记(登记退出请求权)。而且,当对 X 享有所有权的不动产,不享有任何权利的 Y 完成所有权保存登记时,如果 X 不将其登记在自己名下,事实上无法处分该不动产,有时还可能面临依据第 94 条第 2 款的类推适用法理丧失所有权的风险,但是不动产登记法规定禁止在同一不动产之上并存 X 名义的登记和 Y 名义的登记(《不动产登记令》第 20 条第 7 号),所以必须抹除 Y 名义的登记,为此 Y 必须提出抹除登记的申请(《不动产登记法》第 77 条),最终 X 欲将不动产登记在自己名下,前提必须承认 X 享有请求

Y 抹除 Y 名义登记的权利。[1]

二、登记请求权的发生原因

登记请求权具有如上所述的特殊性质，学界对于登记请求权属于实体法上的权利还是程序法上的权利，属于物权性质的请求权还是债权性质的请求权，存在争议，对此应如何理解，取决于如何把握登记请求权的发生原因。

（一）判例（多元说）

判例未就登记请求权的发生原因进行统一说明，但肯定如下三种情形下的登记请求权：①存在实体的权利变动但未完成登记时；[2] ②实际上不存在相应的权利或物权变动但完成登记时；[3] ③当事人就完成登记达成特别约定时。[4]

（二）一元说的尝试

对此，多数学者试图对登记请求权的发生原因进行一元化的说明。大致如下：

其一，诸如上述①，当实际的权利变动过程与登记不一致的，为使其一致肯定登记请求权（倾向于将其解释为债权性质的请求权）；其二，参照上述②，当实际的权利状态与登记不符时，为使其保持一致肯定登记请求权。[5] 多数学说[6]基本上采用上述①的观点。[7]

---

〔1〕 在采取登记主义的德国，基本上不存在所有权移转请求权以外行使登记请求权的情况。在采取登记对抗要件主义的法国，采取了根据公证文书的单独申请主义，未采用共同申请主义，尽管存在是否认可制作公证文书请求权的讨论，却不存在关于登记请求权的讨论。

〔2〕 大審院 1916 年 5 月 4 日判決，大審院民事判決録 22 輯 674 頁等。

〔3〕 大審院 1918 年 5 月 13 日判決，大審院民事判決録 24 輯 957 頁等。

〔4〕 大審院 1921 年 4 月 12 日判決，大審院民事判決録 27 輯 703 頁等。

〔5〕 末弘厳太郎『物権法（上巻）』（一粒社，1960 年）141 頁等。

〔6〕 末川博『物権法』（日本評論新社，1956 年）139 頁、舟橋諄一『物権法』（有斐閣，1960 年）131 頁、我妻栄 = 有泉亨『新訂物権法』（岩波書店，1983 年）139 頁等。

〔7〕 除①外，所有观点一致承认③。

（三）新的解释论

最近，学界有力观点认为，一元说的理论尝试无法实现甚至是徒劳，应根据登记请求权发生前提的实体法律关系，对发生原因作类型化解释。[8]

正如上文所述，登记请求权的实质依据在于实体法上的必要性，或者说是社会生活上的利益，从这种意义上来说，本文认为，根据登记请求权成立前提的当事人之间的法律关系，对登记请求权的发生原因作类型化解释的观点比较合理。过去的学说观点强调登记请求权与登记是否应该如实反映物权变动的过程、是否只需要公示现在的权利状态这一登记制度的理念之间的关系，虽然对于确定登记请求权的具体内容具有重要意义（讨论的重心是中间省略登记请求和中间人的登记请求权），但应当与登记请求权的发生原因区分对待。

第三节　是否承认中间省略登记请求

一、中间省略登记

“中间省略登记”，是指物权发生 A→B→C 的变动，但直接越过中间人 B 直接完成 A→C 的移转登记。中间省略登记不符合登记应如实反映实际的权利变动过程这一登记理念的要求，但为了节省登录许可税、司法书士费等费用开支和简化程序，实践中广泛存在中间省略登记的情况，在我国法上，登记官不享有实质的审查权，只要形式上符合登

[8] 鈴木禄弥『物権法講義（四訂版）』（創文社，1994年）142頁、幾代通『登記請求権』（有斐閣，1979年）2頁、星野英一『民法概論Ⅱ（合本再訂）』（良書普及会，1976年）49頁、月岡利男「登記請求権」星野英一等編『民法講座2』（有斐閣，1984年）264頁、安達三季生「登記請求権に関する試論」加藤一郎編『民法学の歴史と課題』（東京大学出版会，1982年）123頁等。

记要求,就不可能杜绝中间省略登记的现象发生。但是,当提起中间省略登记的请求之诉时,裁判所可以就是否认可该请求作出实质判断,而且对已经完成的中间省略登记的效力产生争议而提起诉讼的,裁判所也应当对其是否有效作出判断。

二、判例概要

判例最初认定中间省略登记因不符合实际而无效,[9]因此不能提出中间省略登记的请求。[10] 之后,判例认为,当三方当事人全员达成中间省略登记的特别约定时,根据该合意完成的中间省略登记是有效的,[11]肯定了中间省略登记请求权。[12] 相反,若三方当事人未达成特别约定尤其是未征得中间人同意时,中间人可以请求抹除登记,[13]中间省略登记请求权将不被认可。[14] 值得关注的是,与其说判例法理强调登记必须符合实际这一登记制度的原则,不如说它更关注登记名义人以及中间人的利益,若他们明确表明同意完成中间省略登记而不会损害自身利益时,即使违背了登记制度的原则,中间省略登记请求权也会获得认可。关于已经完成的中间省略登记的事后评价,最高裁判所更进一步发展上述观点,只考虑中间人实质的具体利益,即便未经中间人同意,只要中间人不享有请求抹除登记的正当利益,便不能请求抹除登记,[15]第三人也无权以未获得中间人同意为由请求抹除登记。[16] 但是,对于新提出的中间省略登记请求,最高裁判所依然坚持未经登记名

〔9〕 大審院1911年5月4日判決,大審院民事判決録17輯260頁。
〔10〕 大審院1911年12月22日判決,大審院民事判決録17輯877頁。
〔11〕 大審院1916年9月12日判決,大審院民事判決録22輯1702頁。
〔12〕 大審院1919年5月16日判決,大審院民事判決録25輯776頁。
〔13〕 大審院1933年3月15日判決,大審院民事判例集12巻366頁。
〔14〕 大審院1922年3月25日判決,大審院民事判例集1巻130頁。
〔15〕 最高裁判所1960年4月21日判決,最高裁判所民事判例集14巻6号946頁。
〔16〕 最高裁判所1969年5月2日判決,最高裁判所民事判例集23巻6号951頁。

义人或中间人同意便不予认可的观点。[17] 对于已经完成的中间省略登记,有必要避免因否定其效力而产生新的混乱状态,但对于将要完成的登记,仍然需要忠实于“将物权变动过程如实反映至登记簿这一不动产登记法原则的要求”。[18]

三、学说概要

关于符合现在的实体权利状态的中间省略登记的事后评价,存在如下学说观点:未经中间人同意则无效;[19] 即便未经中间人同意,以该登记为前提具有登记上的利害关系的第三人出现后,该登记也有效;[20] 中间省略登记对第三人有效,但应肯定未表示同意的中间人享有抹除登记的请求权;[21] 无条件有效。[22]

关于新提出的中间省略登记请求,存在如下学说观点:无论是否存在特别约定,一律不予认可;[23] 仅当三者达成特别约定时予以认可(通说);只要不侵害现在的登记名义人以及中间人的实质利益,则无须征得其同意;[24] 无条件肯定说。[25]

---

〔17〕 最高裁判所1965年9月21日判决,最高裁判所民事判例集19卷6号1560頁。

〔18〕 判例的详细状况,参见高木多喜男「中間省略登記のできる場合」幾代通等編『不動産登記講座Ⅰ』(日本評論社,1976年)93頁以下、高木多喜男「中間省略登記の効力」幾代通等編『不動産登記講座Ⅰ』(日本評論社,1976年)117頁以下、幾代通『登記請求権』(有斐閣,1979年)38頁以下、成田博「中間省略登記」鎌田薫等編『新不動産登記講座Ⅲ』(日本評論社,1998年)357頁以下。

〔19〕 末川博『物権法』(日本評論新社,1956年)136頁。

〔20〕 舟橋諄一『物権法』(有斐閣,1960年)110頁以下。

〔21〕 我妻栄『物権法』(岩波書店,1935年)89頁、柚木馨=高木多喜男『判例物権法総論(補訂版)』(有斐閣,1972年)180頁。

〔22〕 鈴木禄弥『物権法講義(四訂版)』(創文社,1994年)141頁以下、幾代通『登記請求権』(有斐閣,1979年)51頁、石田喜久夫「登記請求権」舟橋諄一=徳本鎮編『新版註釈民法(6)』(有斐閣,1997年)418頁、我妻栄=有泉亨『新訂物権法』(岩波書店,1983年)135頁、広中俊雄『物権法(第二版増補)』(青林書院,1987年)76頁以下等。

〔23〕 於保不二雄『物権法(上)』(有斐閣,1966年)89頁、石田喜久夫『物権変動論』(神戸大学研究双書刊行会,1979年)163頁以下。

〔24〕 幾代通『登記請求権』(有斐閣,1979年)54頁等。

〔25〕 半田正夫「中間省略登記」遠藤浩等編『演習民法〔総則・物権〕』(青林書院新社,1971年)372頁、篠塚昭次『民法セミナーⅡ』(敬文堂,1970年)34頁。

四、中间省略登记的事后评价

除末川说以外，学说观点不存在较大差异，仅当未表示同意的中间人在第三人出现之前提出抹除登记请求时，学说观点存在通常应予肯定抹除登记请求（舟桥说、我妻旧说等）和通常应予否定抹除登记请求（几代说等）的差异。尚未完成登记依然转卖的中间人应承受由此带来的风险，[26]但较为稳妥的处理方式是，依据判例观点，在仅当中间人具有正当利益才肯定其提出的抹除登记请求的前提下，就中间人是否具有正当利益以及中间人是否同意中间省略登记进行灵活判断。

五、应否肯定中间省略登记请求

判例和学说观点都主要将登记法的原则以及中间人和登记名义人的利益作为考虑因素。

（一）尊重登记法的原则

应将物权变动的过程如实反映至登记簿，其实质的理由在于，因为不承认登记的公信力，所以将要达成交易的人必须借助登记簿的内容，追溯至过去调查不动产辗转至现在的所有权人的过程。如果强调这一点，必须否定中间省略登记请求。对此，批判观点认为，权利来源的调查并非只可以通过登记实现，也可以以登记为线索通过询问过去的所有名义人实现，所以即使存在 A→C 的中间省略登记，只要询问 A 便能够明确 B 的存在，这并不会造成太大的不便，现在的判例从肯定已经完成的中间省略登记以及登记的流用具有一定效力开始，进一步广泛肯定与物权变动的过程及状态不符合的登记之效力，而且当三方当事人达成合意时，中间省略登记请求权也能够成立，因此上述原则已经被判

〔26〕 幾代通『登記請求権』（有斐閣，1979 年）52 頁。

例所颠覆,仅在此种情形下强调登记法的原则是没有道理的。

(二)保护 A、B 利益的必要性

不动产顺次经由 A、B 转卖给 C,C 尚未支付价款的,如果肯定 C 对 A 提出的中间省略登记请求,则 B 便不能主张 C 的价款支付和自己协助登记的同时履行抗辩权。而且,若 C 将不动产转卖给 D 并办理移转登记的,B 也无法通过解除买卖合同取回不动产。[27] 同样地,若肯定 C 对 A 的直接登记请求权,也会出现现在的登记名义人 A 能否以对 B 的债权性质的抗辩权(同时履行抗辩权等)对抗登记请求权人 C 的问题。在这些情况下,欲全面保护 A 和 B 的利益,须将 A、B 之间的债权关系和 B、C 之间的债权关系如实反映至登记请求权的内容。为此,判例和通说认为,未经登记名义人或中间人同意的,C 须首先依据债权人代位权(民法第 423 条之 7)[28] 行使 B 对 A 的登记请求权,将不动产登记在 B 名下,之后才能请求完成 B→C 的登记。[29]

对此,若采用即使中间人不同意,中间省略登记请求权也能成立的观点,则即便在 C 对 A 的中间省略登记请求诉讼中,A、B 的利益也能得以保护,否则必须认定 A、B 不存在值得保护的利益。对此,学界存在如下观点上的分歧:①既然所有权是经由 A 移转至 B,然后移转至 C,A 便不能主张自己或 B 享有的未受领价款等债权性质的抗辩权(否则,即便缔结买卖合同,也可以使所有权不发生变动);[30] ②A 既可以援用自己对 B 的抗辩,也可以援用 B 对 C 的抗辩,但因未恰当援用 A 对 B 的抗辩,即便 B 因此遭受损害,也属于 B 自身招致的风险,应自行负

〔27〕 最高裁判所 1960 年 11 月 29 日判决,最高裁判所民事判例集 14 卷 13 号 2869 頁。

〔28〕 2017 年日本民法修改后,新设第 423 条之 7 规定登记请求权的代位行使。

〔29〕 这样便能在登记簿上如实反映物权变动的过程。最高裁判所 1965 年 9 月 21 日判决,最高裁判所民事判例集 19 卷 6 号 1560 頁等。

〔30〕 篠塚昭次『民法セミナーⅡ』(敬文堂,1970 年)30 頁以下。相同观点,可参见半田正夫「中間省略登記」遠藤浩ほか編『演習民法〔総則・物権〕』(青林書院新社,1971 年)372 頁。

担;[31]③A 可以向 C 提出自己无法向 B 主张同时履行的抗辩,接受中间省略登记请求的 A 应及时通知 B,使其获得保护自身利益的机会。[32]观点①在所有权变动的认定上依然存在问题,观点②并未就 A 能够向 C 主张由 A、B 之间及 B、C 之间的债权关系产生的抗辩提出理由,观点③具有一定的技巧,但也存在直接转用债权人代位权更为清楚明了的疑问。

如果采用代位行使登记请求权这一便利方法,[33]则承认中间省略登记请求权的意义便会受到质疑,相反,若 A、B 均不存在值得保护的利益,[34]则没有必要排除 C 中间省略登记请求。当然,实践中广泛存在 B 将自己享有的所有权移转请求权让与给 C 的情况、[35]B 对 C 的中间省略登记请求表示同意的情况以及 A、B、C 三者达成中间省略登记特别合意的情况,[36]所以其实主张中间人不同意中间省略登记请求权也能成立的观点与通说、判例的观点在具体结论上出现差异的情况较少。[37]

第四节　中间人的登记请求权

一、问题所在

不动产物权顺次经由 A、B 移转至 C,但不动产依然登记在 A 名下时,C 欲将不动产登记在自己名下,依前述判例和通说的观点,原则上 C

〔31〕 幾代通『登記請求権』(有斐閣,1979 年)55 頁。

〔32〕 広中俊雄『物権法(第二版増補)』(青林書院,1987 年)304 頁以下。

〔33〕 松阪佐一『債権者代位権の研究』(有斐閣,1950 年)33 頁以下等对此持反对意见。

〔34〕 当然,判断 A、B 是否具有值得保护的利益时,还须考虑是否有必要将 B 作为诉讼当事人的问题。

〔35〕 债权登记请求权由 B 移转至 C,A 可以向 C 主张附着在所有权移转请求权的合同上的抗辩以及围绕所有权移转请求权是否发生移转的抗辩。

〔36〕 比如 A 的印章证明、空白授权书、已完成登记的证明等经由 B 移转至 C 的情况。

〔37〕 但须留意《不动产登记法》第 61 条。

须首先代位行使B对A的登记请求权,完成A→B的变更登记(民法第423条之7、[38]《不动产登记法》第59条第7号),然后才能办理B→C的变更登记。该观点的逻辑前提是,已经转移不动产所有权而变为不享有任何权利的B依然享有对A的登记请求权。在此逻辑前提下,将会面临如下问题:其一,因为此种情况下B的登记请求权不可能是物权性质的请求权,所以会因时效而消灭(民法第166条);[39]其二,所有权顺次经由A、B移转至C,但不动产依然登记在A名下时,B的债权人D是否可以代位行使B的登记请求权将不动产登记在B名下,然后实施扣押。而且,若A、B、C三者达成中间省略登记的合意时,原本应当存在的C对B和B对A的登记请求权是否因此消灭,还是与中间省略登记请求权并存等问题,仍需进一步探讨。

二、观点

1. 一般认为,不动产买受人B对出卖人A享有的登记请求权,是基于A、B之间的合同发生的债权性质的请求权。[40] 如果是债权性质的请求权,则经过5年或10年[41]的时效期间将会消灭(民法第166条第1款),[42]若B行使登记请求权而经过了10年期间,之后B、C之间发生物权变动时,B的登记请求权因时效而消灭,C将无法代位行使B的权利请求A移转登记。为了避免出现这种现象,判例指出"基于买卖合同的所有权变动的登记请求权不会单独因时效而消灭"。[43] 这说明,中间人B的登记请求权是为了维持将物权变动过程如实反映至登记簿这一

[38] 2017年民法修改后,新设第423条之7规定登记请求权的代位行使。

[39] 2017年民法修改后,原第167条的内容变为第166条。

[40] 因此,虽然所有权由B变动至C,只要B的合同上的地位未移转至C,B对A的登记请求权就继续存在。

[41] 2017年民法修改后,变为"5年或10年"。

[42] 2017年民法修改后,原第167条第1款相应变为第166条第1款。

[43] 大審院1916年4月1日判決,大審院民事判決録22輯674頁等。

登记制度原则的特殊权利。[44]

2. 如果中间人 B 的登记请求权是由 A、B 之间合同产生的通常的债权性质的请求权,则 B 的一般债权人 D 也能够依据债权人代位权(第 423 条之 7)[45]代位行使 B 的登记请求权。[46] 但是,如上所述,若业已丧失所有权的中间人 B 的登记请求权是为了维系登记制度的原则不得已承认的特殊权利,则只需要在此必要范围内承认 B 的登记请求权,没有必要肯定 B 的一般债权人 D 代位行使的权利。[47] 而且,承认无权利人 B 的登记请求权有害无益,可以否定登记请求权的代位行使,广泛承认中间省略登记请求权的成立。[48] 但是,若物权同样经由 A、B 移转至 C,而不动产登记在 B 名下时,未完成登记的 C 不能排除 B 的债权人 D 实施的扣押,而若不动产登记在 A 名下时,C 未经登记也能排除 D 的扣押,两者的处理明显失衡。

3. 当 A、B、C 三者达成中间省略登记合意时,C 对 A 的中间省略登记请求权能够成立,对此反对意见较少。在这种情况下,若认为 C 对 B 和 B 对 A 的登记请求权均已消灭,则诸如上述 2 的情形,D 将无法代位行使 B 的登记请求权实施扣押,A、B、C 三者是否存在合意将左右第三人 D 的权利,难谓妥当。此外,若 A、B、C 三者达成合意后,B 将不动产二重让与给 E,E 原本能够代位行使的 B 的登记请求权消灭,无法完成 A→B→E 的移转登记,这种解释违反常识。因此,即使 A、B、C 三者达

〔44〕 安達三季生「登記請求権に関する試論」加藤一郎編『民法学の歴史と課題』(東京大学出版会,1982 年)148 頁从登记请求权具有“证据请求权”的性质出发,得出不会因时效而消灭的结论;幾代通『登記請求権』(有斐閣,1979 年)67 頁认为,即使在登记制度的原则下,也没有必要就因时效而消灭的过去的物权变动进行公示,只需要承认 B 的债权性质的登记请求权因时效而消灭,之后现权利人 C 可以对 A 行使物权性质的中间省略登记请求权。

〔45〕 2017 年日本民法修改后,新设第 423 条之 7 规定登记请求权的代位行使。

〔46〕 最高裁判所 1963 年 3 月 28 日判决,最高裁判所民事判例集 17 卷 2 号 397 頁。

〔47〕 星野英一「判批」法学協会雑誌 82 巻 2 号(1966 年)319 頁(星野英一『民事判例研究二 1』(有斐閣,1971 年)139 頁)参照。

〔48〕 天野弘「買主は転売しても名義人に対し移転登記請求権がある」星野英一 = 平井宜雄編『民法判例百選Ⅰ(第一版)』(有斐閣,1974 年)108 頁参照。

成合意,中间省略登记请求权得以成立,也应当认为B对A和C对B的登记请求权不会因此消灭,或者至少应当认为A、B、C三者的合意不能使第三人遭受损害。[49]

第五节　真正登记名义的回复

一、消极的物权变动登记

X将不动产出卖给Y并办理了移转登记,但该买卖合同被认定为无效时,X有权请求Y协助自己完成该所有权变动登记的抹除登记手续。[50] 若不动产登记在转得者Z名下,首先须抹除Y、Z之间的所有权移转登记,然后抹除X、Y之间的移转登记,才能将不动产重新登记在X名下。因此,X享有请求Z抹除Y、Z之间登记[51]和请求Y抹除X、Y之间登记的权利。[52] 这种因已登记的物权变动无效,或被撤销时,为使登记符合实际的权利状态而进行的抹除登记被称作"消极的物权变动登记",必须逐一对现存的无效登记完成抹除登记,故并非"消极的中间省略登记"。

二、代替抹除登记的移转登记

判例和实务观点一致认为,在应当请求抹除登记的情况下,也可以基于所有权请求移转登记。[53] 例如,当存在X→Y→Z的两个阶段

---

〔49〕 最高裁判所1963年3月28日判决,最高裁判所民事判例集17卷2号397頁;最高裁判所1971年11月30日判决,最高裁判所民事判例集25卷8号1422頁。

〔50〕《不动产登记规则》第152条。

〔51〕 准确地说,应当是代位行使Y对Z的抹除登记请求权。

〔52〕 大審院1908年3月17日連合部判决,大審院民事判决録14輯303頁等参照。

〔53〕 登记原因为"真正的登记名义回复"。

的无效登记时,通过 Z→X 的移转登记,事实上能够实现消极的中间省略登记。[54] 因此,与中间省略登记的情况相同,应就何种情形该登记有效,满足怎样的条件肯定这种请求进行讨论。对此,与中间省略登记的情况正相反,判例广泛认可此种便利方式,而大多数学说则持否定说和限制说。[55]

三、真正登记名义回复的必要性

以回复真正登记名义为原因的移转登记,违反了必须如实反映物权变动过程这一“登记法的原则”,但因为登记手续的制约,出现了不得不承认此种登记的情况。例如,X 将不动产出卖给 Y,Y 在不动产上为 Z 设定抵押权,分别办理了登记后,X 以受欺诈为由撤销上述买卖合同,若 Z 具有恶意或过失,[56] X 只需要提交 Z 同意的证明或能够对抗 Z 的相应裁判信息[57](《不动产登记法》第 8 条、《不动产登记令》第 3 条 13 号 · 附表第 26 号),申请抹除 X、Y 之间的登记,便可以同时抹除 Z 的抵押权登记和 X、Y 之间的移转登记。若 Z 善意无过失,[58] Y 无法取得所有权,但 Z 的抵押权能够有效存在(参见民法第 96 条第 3 款),保留 Z 的抵押权登记而抹除 X、Y 之间的移转登记因违反“登记连续原则”而不被认可。在这种情况下,只能通过 Y→X 的所有权移转登记,公示 X 为现在的所有权人而 Z 为抵押权人。[59]

---

〔54〕 大審院 1921 年 6 月 13 日判決,大審院民事判決録 27 輯 1155 頁;最高裁判所 1959 年 2 月 12 日判決,最高裁判所民事判例集 13 巻 2 号 91 頁;1961 年 10 月 27 日民事甲第 2722 号民事局長回答等。

〔55〕 关于判例和学说的概要,参见船越隆司「真正な登記名義の回復のできる場合」幾代通ほか編『不動産登記講座Ⅰ』(日本評論社,1976 年)137 頁以下、吉永順作「真正な登記名義の回復の効力」幾代通ほか編『不動産登記講座Ⅰ』(日本評論社,1976 年)152 頁以下、田中克志「真正な登記名義の回復の登記」鎌田薫等編『新不動産登記講座Ⅱ』(日本評論社,1998 年)179 頁以下。

〔56〕 2017 年民法修改前为“恶意”,民法修改后,第 96 条第 3 款增加了“过失”的内容。

〔57〕 为了与现行规定的表述保持一致,将日文原文的“Zの承諾書”、“裁判の謄本”改为“Zの承諾”、“裁判があったことを称する情報”。

〔58〕 2017 年民法修改前为“恶意”,2017 年修改后的第 96 条第 3 款增加了“无过失”的内容。

〔59〕 広中俊雄『物権法(第二版増補)』(青林書院,1987 年)293 頁参照。

四、学说观点概述

如上所述,作为受制于登记程序而不得已承认的便利方式,不得不承认回复真正名义登记的移转登记请求权,除此之外,对于何种情况下应承认真正登记名义的移转登记请求权,学说存在如下不同观点:其一,基于登记制度的原则以及中间人利益的考虑否定此种登记;〔60〕其二,登记制度的目的在于尽快公示真实的权利状态,故应当承认相当于事实上的消极中间省略登记的真正名义回复登记请求权,但这会危及中间人的利益,所以只有在中间人的同时履行抗辩权消灭时才能够肯定这种请求。〔61〕第二种观点的目的是,只能通过判决承认此种请求。学说上虽然持否定意见和采取限制解释的观点占大多数,但实务却承认当事人的任意申请,实际上存在多个中间人或中间人下落不明时,可以极为简便地使真正权利人回复登记名义,而且可以节省登录许可税,实践中被广泛承认。由此可见,不得不承认"登记制度的原则"已经被严重颠覆,这将进一步影响是否承认中间省略登记请求、登记请求权的一般发生原因等讨论。

〔60〕 我妻栄=有泉亨『新訂物権法』(岩波書店,1983年)144頁、舟橋諄一『物権法』(有斐閣,1960年)133頁等。

〔61〕 船越隆司「真正な登記名義の回復のできる場合」幾代通等編『不動産登記講座Ⅰ』(日本評論社,1976年)145頁以下、浦野雄幸「登記名義回復請求訴訟」鈴木忠一=三ヶ月章監修『実務民事訴訟講座4』(日本評論社,1969年)170頁以下。

CHAPTER 12 >>

第十二章

不动产的附合

第一节　绪　论

关于土地、建筑物与他物结合时的法律关系，民法在总则编设置了土地的定着物（第 86 条第 1 款）以及从物（第 87 条）的相关规定，在物权编设置了不动产的附合（第 242 条）以及附加物（第 370 条）的相关规定。

应当如何理解这些规定的相互关系呢？在这些制度中，附合制度发挥着怎样的作用呢？

民法在“所有权取得”的章节中，规定“不动产的所有权人取得不动产附合物的所有权”（第 242 条）。作为所有权的取得原因，不动产附合远没有可以比肩买卖合同和继承制度等的重要性。但是，作为解决不动产相关纠纷的手段，不动产附合制度却意外地发挥着非常重要的作用。

本部分内容将首先概述附合制度的意义和目的，

梳理附合制度与上述规定之间的关系,以借家人*增建、改建租赁房屋为例,对附合制度具有的解释论上的功能,展开若干讨论。

第二节　附合制度概述

一、附合制度的存在理由

1. 例如,A 所有的建筑物的支柱因某种原因混入 B 所有的钢筋。此时,若不解体建筑物便无法毫无损伤地将上述钢筋返还给 B,不能通过像这种"威尼斯商人"的方式解决这个问题,虽然不能为 B 带来多大利益,但认可 B 对 A 的钢筋返还请求无异于命令拆除 A 所有的建筑物,这不仅会损害社会整体的经济利益,而且根据禁止权利滥用原则,这种做法应予否定。[1]

2. 因此,在此种情况下,只能否定 B 对 A 的钢筋返还请求,保持建筑物的原样,代之以采取 A 向 B 返还钢筋对应价值的解决方法。

对此,存在各种解释方法,因 B 对 A 的返还请求权是基于 B 的所有权,所以否定返还请求权最简捷的路径是否定 B 对钢筋的所有权。此时,可以通过解释,使钢筋的所有权由 B 变动至 A,由 A 向 B 支付钢筋的对价。

为此,民法规定不动产的所有权人取得不动产附合物的所有权(第242条),而丧失附合物所有权的 B 可以请求取得所有权的 A 返还相应的对价(第248条)。[2]

3. 仅基于上述理由,足以说明钢筋的所有权变动至 A,A 成为建筑

---

* 日本法上的"借家人"相当于中国法上的承租人。——译者注

〔1〕 参见瀬川信久『不動産附合法の研究』(有斐閣,1981年)326頁等。

〔2〕 不能认为 A 依据第242条取得了钢筋的所有权,A 的获益具有法律上的原因,不构成不当得利。

物和钢筋的所有权人,钢筋附合于建筑物意味着钢筋成为建筑物的一部分,不再是独立的所有权客体(也可以认为钢筋的所有权被建筑物的所有权吸收)。

为什么采取这样的处理方式呢?举例说明,甲购买乙的汽车,但汽车的发动机为丙所有,若不能使用花费心思购买的汽车,就无法保障交易的安全,所以必须确立一物一权原则,认为交易观念上作为一个整体的物的一部分不能单独成为所有权的客体,所以像上述事例的钢筋那样,成为不动产组成部分的物丧失作为独立所有权的资格,其所有权被不动产的所有权吸收。

从这种意义上来说,附合制度能够作为决定所有权客体范围(一个整体物)的标准。

4. 因此,设立附合制度的理由在于:其一,否定物权请求权,避免因物的分离而导致的损失(同时,通过金钱给付调整利害关系);其二,确定所有权客体的范围,保障交易安全。〔3〕

二、附合成立与否的判断标准

1. 不管基于上述何种理由,都必须依据客观标准统一判断附合是否成立,但实际上并没有形成客观统一的判断标准。

强调上述第一种理由的观点认为,应依照民法第 243 条的规定,若不破坏不动产和附合物或支出过高的费用便无法分离附合物,只有达到这种程度的附合体才成立附合;〔4〕强调上述第二种理由的观点则以是否具有"交易观念上的独立性"作为判断附合成立与否的标准。〔5〕

---

〔3〕 学说的详细状况,可参见瀬川信久『不動産附合法の研究』(有斐閣,1981 年)7 頁以下、新田敏「附合」星野英一ほか編『民法講座 3』(有斐閣,1984 年)1 頁以下。

〔4〕 舟橋諄一『物権法』(有斐閣,1960 年)366 頁等。

〔5〕 石田文次郎『物権法論(全訂改版)』(有斐閣,1945 年)377 頁等。

但不论何种观点,都必须根据具体的案例进行适用,无法得出统一明确的结论。

2. 附合制度是以上述两点理由为依据的,关于附合成立与否的标准,学说观点之间的差异是相对的。上述第二种观点(交易观念说)的实践目的在于,在日本,树木和农作物与建筑物相同,均为独立于土地的交易对象,无论栽种者是否具有正当权限,都认为树木和农作物不附合于土地,以此来保障耕作者收获的权利。

但是,若否定无权栽种的耕作者种植的农作物附合于土地,应认可土地所有权人向耕作者提出的除去农作物的请求。若农作物已届收获季节,耕作者将收获的农作物归为己有,从而保护自己的利益,但如果未届收获期,则与上述观点所要实现的意图相反,相比于肯定农作物附合于土地,否定附合成立对耕作者更为不利。如果肯定农作物附合于土地,则无权耕作的耕作者便不再是妨害物的所有权人,土地所有权人便不能行使妨害排除请求权,[6]而且耕作者还可以依据民法第248条请求土地所有权人返还农作物对应价值,该价值请求权系在土地之上产生的债权,受领价款前耕作者可以留置该土地,相比于否定附合认可妨害排除请求,这种处理对耕作者更有利。

三、附合的效果与强迫得利

1. 如上所述,因附合成立,附合物为不动产吸收,丧失了作为独立所有权客体的资格。因此,附合物的原所有权人不能请求不动产所有权人分离、返还附合物,不动产所有权人也不能请求附合物的原所有权人除去附合物(原则上也不允许将附合物与不动产分离而单独交易),作为代价,附合物的原所有权人可以请求不动产的所有权人支付附合

〔6〕 最高裁判所1971年11月16日判決,判例時報654号(1972年)56頁。

物对应的价值。

无论是认为附合制度的目的在于避免社会经济的损失，还是客观地统一确定所有权客体的范围保障交易的安全，都是为了保障社会公共利益，因此根据附合成立的所有权一体化原则本身具有强行法规的性质。[7] 此为今日通说之观点。

但是，诸如借家人承诺一定撤去墙纸而出租人准许其张贴墙纸的情况，没有必要认定该合意无效。对于客观上达到能够被认定成立附合程度的附着动产，民法第 242 条但书也承认存在不成立附合的例外情况（否则佃农将无法收获自己种植的农作物），可以推测，在实际的裁判中，也会通过灵活解释第 242 条但书规定，赋予当事人之间的合意以一定的效力。虽然说可以避免因肯定附合物的撤去请求而导致的社会损失，但取得附合物所有权的不动产所有权人自行撤去附合物并不被禁止，只要通过判断是否存在合意以及合意的内容来实现当事人之间利害关系的调整即可。此外，对于第三人交易安全的保障，可以通过要求依据第 242 条但书规定保留附合物所有权具备对抗要件来实现，过度强调附合成立与否相关原则的强行法规性受到质疑。

2. 问题是，像无权限者擅自在所有权人预定建造房屋的土地上栽种大量树木以及借家人对所有权人预定拆除的房屋进行大规模增建改建的情况，违反不动产所有权人的本意而使动产附合于不动产，客观上显著增加不动产的客观财产价值时，[8] 是否可以依据第 248 条或第 703 条，使不动产所有权人承担“强迫得利”的返还义务。

对此问题的处理，学界并未提出明确的原则，一般倾向于认为不构

〔7〕 从逻辑上来说，一体化之后的物之所有权的归属及价款的减免属于当事人之间利害关系的调整问题，当事人可以通过合意自由决定。

〔8〕 主观上完全不存在任何价值甚至造成损害的附合，客观上增加不动产价值的情况。

成不动产所有权人的“得利”,[9]或通过使受损失者承担除去费用的侵权责任,避免使不动产的所有权人强迫得利。

四、民法第242条但书规定的意旨

1. 关于民法第242条但书规定的“不妨碍他人权利”的意义,少数说认为,这是指不妨碍权利人的撤去权及收取孳息等债权性质的权利的行使,并非直接确定附合物的所有权归属,[10]而多数说认为,对于借地权人等土地使用权人以自己的支出而添加的附属物,该使用权人可以保留这些附属物的所有权。[11]

2. 问题是丧失权限时附属物的归属,虽然存在权限丧失时发生附合的解释余地,但大多数观点(虽未明确但至少默认)认为,原权利人依然可以继续保留附属物的所有权。

若依此观点,像佃农在播种后丧失租佃权的情况,因原佃农不享有任何权限而将种子放置于他人土地,应承担种子的除去义务,但命令其除去属于强人所难。对此,多数学说将附合区分为附合物完全失去独立性而构成不动产一部分(与不动产成为一体)的情况(强附合)和附合物并未丧失独立性而并未构成不动产一部分(与不动产不成为一体)的情况(弱附合),认为民法第242条但书规定不适用于强附合的情况,仅在弱附合的情况下,使权利人保留所有权,[12]以此来避免产生上述弊端。

3. 另外,若采用上述解释,山林的所有权人可以以附合物并未与不

[9] 四宮和夫『事務管理・不当利得』(青林書院新社,1981年)204頁等。

[10] 川島武宜「判批」民事法判例研究会『判例民事法(昭和6年度)』(有斐閣,1934年)。

[11] 舟橋諄一『物権法』(有斐閣,1960年)367頁、我妻栄=有泉亨『新訂物権法』(岩波書店,1983年)309頁等。

[12] 具有权限的人播种、栽种的种子以及未成熟的庄稼苗与土地构成一体而附合于土地,但成熟之后,便不再与土地构成一体,归享有权限者所有。

动产成为一体为条件,仅保留土地之上树木的所有权而出让土地,或者仅保留土地的所有权出让土地之上的树木。但是,以树木所有权的“保留”对抗第三人,原则上须具备登记或明认方法。[13]

第三节　与相似制度的关系

一、土地的定着物

1. 民法第 242 条源自“地上物归属于土地”(superficies solo cedit)的罗马法以来的原则。民法起草者在制定本条规定时,效仿欧美诸国的做法,认为土地及其之上的建筑物共同成为一个所有权的客体,当基于地上权等土地使用权建造建筑物的,例外地否定建筑物附合于土地,规定建筑物归土地使用权人所有。

根据这种理解,也应当认为民法第 86 条第 1 款规定土地及其之上的定着物原则上共同构成一个不动产而成为同一所有权的客体(但须注意第 370 条的规定)。

2. 但是,之后日本的判例、登记实务和学说观点考虑到一直以来的交易习惯、不动产税收和登记的相关法律制度以及行政实务,将土地和建筑物分别作为独立的不动产。因此,土地的定着物包括附合于土地(与土地构成一个整体)而丧失作为独立所有权客体资格的物、原则上附合于土地但在交易习惯上可以将其作为附着于土地的独立不动产而被交易的物(树木、农作物等)、无论设置者有无权限通常将其作为区别于土地的独立不动产的物(建筑物、《立木

〔13〕 本田純一「立木取引」川井健 = 鎌田薫編『基本問題セミナー民法 1』(一粒社,1987 年)232 頁以下参照。

法》上的林木*)三种。[14]

二、从物

1. A购买B的土地及其之上的房屋准备入住,但发现买卖合同缔结时存在的装饰用的点景石、石灯笼均不复存在,房屋中的草席以及门窗隔扇也全部被取走。此时,A是否可以主张自己一并购买了点景石、草席以及门窗隔扇等,要求B返还,或者要求B支付相应的价款呢?

附合于土地及房屋的物被土地及房屋吸收,所以没有必要认为在土地、房屋的所有权变动之外,尚存在附合物所有权的变动。但是,点景石、石灯笼并未定着于土地,草席、门窗隔扇也未附着于房屋。因此,这些物件并未附合于土地及房屋,属于土地、房屋之外的动产,分别构成单独的所有权客体。但是,这些动产是为了提升土地及房屋的效用而附属于土地及房屋之上,属于土地及房屋的"从物"(民法第87条第1款)。

土地、房屋的附属动产附合于土地、房屋还是二者的从物,两者最大的差异体现在,是否认可不动产所有权人对动产的原所有权人的撤去请求以及动产所有权人对不动产所有权人的返还请求(后文将对此展开讨论)。以下考察在具体的不动产交易中,上述差异是以何种形式出现的。

2. 在上述案例中,点景石等独立于土地、房屋而成为单独的所有权客体,故土地和房屋的买卖合同并不会当然导致点景石所有权的变动,

---

* 根据日本《立木法》,权利人可以通过对林木所有权的保留登记把林木从土地中分离出来,作为独立不动产进行交易和抵押。实践中,买受人也可以通过"明认"的方法来获得独立的林木所有权,如削去林木之皮用墨笔写明现在谁是林木所有人,或者在林木上刻上表示自己姓名的印章,或者在现场竖立标示等使第三人能容易识别所有人的手段。——译者注

〔14〕 对于正在建造的房屋与土地之间的关系,虽然只是简单的论述,也可参见鎌田薫「請負」山田卓生等編『分析と展開民法Ⅱ(第五版)』(弘文堂,2005年)248頁以下。

最终只能回归到点景石等是否属于 A、B 之间买卖合同的标的物的合同解释问题上。

如果当事人的合意内容不明确，因从物随主物而被处分（第 87 条第 2 款），只要不存在相反证明，所有物件都成为买卖合同的标的物。

3. 如上文所述，即便认为点景石等附合于土地和房屋，若双方当事人达成将其排除在合同标的之外的合意，便应当尊重双方当事人的意思，从民法第 242 条但书规定的意旨来看，这种解释也是成立的。

因此，在此种问题的处理上，点景石、草席、门窗隔扇是否附合于土地和房屋并不会对具体的结论造成影响，讨论点景石等附合于土地，还是成为土地的从物，可能没有任何实际意义。

然而，附合物被不动产吸收而不再成为独立的所有权客体，从物通常独立于主物而单独成为所有权的客体，两者具有根本差异。正因为这种差异，在下列情况下，具体的结论将出现差异，故对于成为交易对象的不动产的附属动产问题，仍有必要区分附属动产为从物还是附合物。

（1）民法第 87 条第 2 款是关于处分行为标的物范围的推定规定，所以当从物与主物的所有权人不同时，除非根据善意取得（即时取得——民法第 192 条）及其他善意者保护法理，否则买受人无法取得从物的所有权。而如果是附合物（与不动产成为一体），无论何人致使该物附合于不动产，也无论买受人是善意还是恶意，附合物都成为不动产的一部分，买受人可以取得其所有权。

（2）从物可以与主物分离而被单独处分，也可以被单独扣押，此时受让人和扣押债权人与一并受让主物和从物的人之间便会产生对抗关系（有些情况也会面临善意取得的问题），而与不动产成为一体的附合物原则上不能成为独立的交易对象，也无法与不动产分离而单独成为被执行的对象，所以只要不存在特殊情况，通常不动产的受让人可以取得完整的权利。

(3)对于依据民法第242条但书规定由权利人保留所有权的附合物(与不动产不成为一体),与处于从物关系的动产具有相同的法律地位,但前提是所有权保留本身有时须具备对抗要件,而对于从物,因不存在物权变动,故无须具备对抗要件。

三、附加物

1. 民法第370条规定,抵押权的效力及于"附加于抵押不动产并与其成为一体的物(附加物、附加一体物[15])"。

附合于不动产的动产成为该不动产的一部分,不再是独立的所有权客体,因此在该不动产之上设立的他物权的效力当然及于该附合物。因此,如果此处的附加物或附加于不动产并与其成为一体的物仅指附合物,则上述规定不过是宣示了理所应当的内容。[16]

对此,如上所述,从物并未丧失作为独立动产的资格,问题是,结合抵押权的标的物仅限于不动产这一规定(第369条),能否认为从物包括在第370条规定的附加物中,抵押权的效力当然及于从物。

2. 早期的判例认为抵押权的效力不及于作为从物的动产,大审院1919年3月15日判决[17]则认定抵押权的效力及于从物。但是,判决的依据是民法第87条第2款,对于抵押权设定后产生的从物,因不存在从物附随的"主物处分",所以肯定抵押权的效力及于抵押权设定后的从物的观点,受到学界质疑,招致了解释论上的混乱。

近来的学说认为,作为担保物权,抵押权最大的特色在于,设定者占有标的物,并可以自由使用收益标的物,因抵押权具有在其存续期间

〔15〕 日文原文括号中的表述为"附加物",为了明确条文的引用部分,将其修改为"附加物、附加一体物"。

〔16〕 同条但书规定,就设定行为存在特别约定的,或债务人以加害债权人为目的将动产附合于抵押不动产的,抵押权的效力不及于该动产,如何解释这一规定,与如何理解附合成立与否的原则之强行法规性及第242条的但书规定密切相关。

〔17〕 大審院1919年3月15日判決,大審院民事判決録25輯473頁。

通常可以支配当时状况的标的物之性质，故可以将第370条规定的附加物理解为包括抵押权设定后附属于不动产的从物。[18]

但是，若抵押权的效力及于抵押不动产的附属从物，则抵押权设定后抵押房屋的所有权人撤去或替换草席和门窗隔扇的，可能承担破坏抵押物的侵权责任（参见民法第137条第2号、第709条），然而如果轻易认定责任的成立，将极大地制约抵押人可以在抵押权行使前自由使用收益标的物这一抵押权的最大特色。

3. 另外，如果在租赁地的房屋上设定抵押权的，抵押房屋若不借助土地租赁权则无法完全实现其财产价值，但租赁权为债权，无法成为抵押权的标的（参见民法第369条）。为此，判例和学说认为，在此种情况下，土地租赁权为抵押房屋的"从权利"，与从物作相同处理。[19] 因此，依据民法第87条第2款及第370条，租赁地上的房屋抵押权的效力也及于土地租赁权。

第四节　借家人增建、改建房屋与附合

一、问题所在

1. 对于租赁B的居住用房屋，A增建了二层，并对一层进行内外改修，重新装修后用于饮食店的经营。租赁合同终止后，出租人B要求A撤去增建、改建部分恢复原状，并搬出租赁房屋。对此，A请求B支付增建、改建费用和装修费用，支付之前拒绝搬出房屋。

在此种情况下，应认可哪一方的请求呢？A的增建、改建行为是否

---

〔18〕 我妻栄『新訂担保物権法』（岩波書店，1971年）259頁等。

〔19〕 最高裁判所1965年5月4日判决，最高裁判所民事判例集19卷4号811頁。

经过B同意,将会影响最终的结论吗?

此外,A同意除去所有的附加部分恢复原状并搬离房屋,B可否要求A保持装修在内的所有附加部分的原样,搬离房屋呢?[20]

2. 对于该问题的必要解决路径,前文已经大致说明。

依据民法第242条及第248条,基本原则是,若由A保留其增建、改建部分及装修部分的所有权,则A享有撤去的权利和承担撤去的义务,若附加部分附合于房屋,则A既不享有撤去的权利也无须承担撤去的义务,B须返还必要费用。因此,解决这一问题,需要讨论这些物件是否成为本案房屋的组成部分以及A是否具有第242条但书规定的权限。

而且,关于房屋租赁合同,依据相关规定,承租人享有费用偿还请求权(第608条)、撤去义务和撤去权(第622条,第599条第1、2款)[21]以及装修买取请求权(《借地借家法》第33条),所以还须讨论这些规定与上述原则的关系。

二、增建、改建部分的附合与撤去权、撤去义务

1. 关于房屋增建、改建部分是否成立附合,可以根据其物理上的结合程度,判断成立强附合还是弱附合。但是,就物理上结合程度较弱的增建、改建部分而言,若肯定借家人享有权利而否定附合的成立,该部分将成为单独的所有权客体,但从保障交易安全的角度出发,将一栋房屋的一部分单独作为所有权客体的做法无法得到认可。因为,现行《建筑物区分所有法》第1条规定,一栋建筑物的一部分如果不具有构造上的独立性和使用上的独立性,无法单独作为所有权的客体。

---

〔20〕 但是无论何种情况,双方均未就新附加之物的所有权归属达成事前合意。

〔21〕 根据2017年修改后的民法规定,将原文的"収去権(六一六条・五九八条)"改为"収去義務・収去権(六二二条・五九九条一項・二項)"。

判例也认为,借家人对房屋的增建、改建部分若不满足建筑物区分所有权的成立要件,无论出租人是否同意,均认为该部分附合于房屋。[22]

2. 也有观点认为,对于满足建筑物区分所有权的成立要件,具有构造上和使用上独立性的增建部分,因其本身具有独立性,无须判断是否存在权限,均应否定其成立附合,但是并不是具有构造上和使用上的独立性就当然成立区分所有权,只不过是可以使其成立而已,故对于具有构造上和使用上独立性的增建部分,根据具体情况,也可以认定其附合于现存建筑物。[23]

此外,通说观点认为,民法第 242 条但书规定的“权限”一般是指土地的使用权,房屋租赁权本身并不构成妨碍增建、改建部分成立附合的权限。因此,主张借家人具有权限时,承认借家人对增建部分享有区分所有权的观点,多数认为应具备出租人的“同意”。[24]

3. 承认借家人的增建部分附合于房屋乍一看似乎对借家人不利,但借家人既没有被请求撤去增建部分,而且还可以根据民法第 608 条及第 248 条请求偿还必要费用和有益费用,并且在受领费用支付前可以留置整个房屋(但依然存在“强迫得利”的问题),远比否定附合对借家人有利。

但问题是,承认增建、改建部分附合于房屋,该增建、改建部分便直接归属于出租人所有,借家人便无法在租赁合同存续期间自由地改

〔22〕 最高裁判所 1960 年 2 月 11 日判決,判例時報 214 号(1960 年)22 頁;最高裁判所 1968 年 6 月 13 日判決,最高裁判所民事判例集 22 卷 6 号 1183 頁等。

〔23〕 以前的学说讨论只关注增建类型,但是借家人利用现存房屋的房梁和立柱,分隔出其中的一部分而设计出满足区分所有权成立要件的区域时,肯定借家人对该区域享有区分所有权,将导致租赁关系结束后借家人拆除该区域而无法继续使用现存房屋的结果。所以应当区分对待增建类型(附加型)和改建类型(组合型)。

〔24〕 该同意并非仅指对增建行为的同意,必须是对以增建部分所有为目的的土地使用权的设定之同意。但是,这些观点是否承认过去的房屋租赁关系转换为受《借地借家法》保障具有 30 年存续期间的借地关系,并不明确。

修。对此,既然是租赁他人的房屋,自由地改修自然应受到限制,当出现问题时,可以认为出租人对增建、改建的同意包括对之后改修的同意。

如果寻求更为灵活的解决方案,可以认为获得出租人同意的增建、改建部分并不直接附合于房屋,当该同意的效力消灭或租赁权终止时,承租人丧失"权限",则增建部分附合于房屋。此种解释受到欧洲关于租赁地之上房屋与土地关系的通说观点的启发,但因为没有结合我国的实际状况展开详细的讨论,暂且将其作为一种理论尝试。

4. 民法第622条及第599条规定承租人及房屋使用人享有附属物的撤去权,承担附属物的撤去义务。〔25〕如果将其理解为可以将与不动产成为一体的物与不动产分离,不仅违反附合制度的理念,而且较难理解与费用偿还请求权相关规定(第595条第2款、第608条)之间的关系。而如果认为上述规定是针对原本具有独立性的物件〔26〕的撤去规定,则不过是宣示了理所应当的内容,显得多余。

统合理解上述内容相当困难,〔27〕比较稳妥的解释是,上述规定是注意性规定,即仅对于承租人保留所有权的动产,在租赁权终止时,承租人具有撤去的权利和负担撤去的义务。

如果赋予上述规定更多的意义,可以进一步发展以上观点,认为承租人根据权限附加于房屋的动产,在权限存续期间内不附合于房屋,当权限丧失时,承租人有权选择依据上述规定撤去附属物,或以权限消灭为由,根据第242条但书规定使在此之前停止的附合效果发生,免于承担撤去义务。

---

〔25〕 根据2017年修改后的民法,将日文原文的"民法第166条及第598条"改为"民法第622条及第599条",并将"収去権を認め"改为"収去義務と収去権を定め"。

〔26〕 如承租人、使用人搬入房屋的日常用品、备用品、装修用的动产。

〔27〕 相关文献参见平田健治「物の結合体についての規律とその分類基準」民商法雑誌104巻2号(1991年)153頁・3号(1991年)273頁。

三、有益费用偿还请求权与装饰品买取请求权

1. 关于增添于房屋的装修及设备是否成立附合，应根据其是否可以从物理上分离及交易观念上是否具有一体性进行判断，但是即便对于容易取下的玻璃外窗，因面向外侧，满足“房屋”认定要件之一的“隔断户外空气”，是房屋不可或缺的组成元素，原则上应附合于房屋。对此，草席及门窗隔扇等装饰品属于独立于房屋的所有权客体，属于典型的从物。

因此，根据附合制度的原则，对于附合于房屋的动产，除承租人依权限增添的动产外，均属于出租人所有，故并无撤去的必要，仅发生借家人对出租人的费用偿还请求权。对此，借家人设置的装饰品原则上应在租赁合同终了时被撤去，不产生费用偿还请求权的问题。

2. 以上述理解为前提，规定承租人费用偿还请求权的第 608 条实际上是根据“附合物”的必要程度，将费用区分为必要费用和有益费用，并分别就返还的金额和返还期限作出特别规定。

对此，“装饰品”因未附合于房屋，借家人应承担撤去义务。但是，如果借家人无论如何请求，出租人都不替换草席，借家人不得不自己支出费用替换草席时，强迫借家人在搬离房屋时撤去草席是不合理的。此种情形下，为使草席留在房屋并使借家人能够获得草席的费用，草席的所有权必须由借家人变动至出租人。为此，《借地借家法》创设了装修买取请求权这一形成权，借家人只要向出租人提出单方请求，便依法成立装饰品的买卖合同，装饰品的所有权变动至出租人的同时，借家人取得装饰品对价的请求权(《借地借家法》第 33 条)。

另外，装修买取请求权仅发生在获得出租人同意附加于房屋的动产上，而对于违反出租人的意愿附合于房屋的动产，也能发生费用偿还请求权，故附合成立与否影响借家人和出租人的利益。

3. 最近,根据附合成立与否判断费用偿还请求权成立范围的观点,受到学界的强烈质疑。[28]

但是,理论上,结合附合是否成立判断费用偿还请求权的观点最符合逻辑。认为担保费用偿还请求权的实现可以留置整个房屋,而担保装修买取请求权仅能留置装饰品的判例态度[29](不可否认判例法理的合理性存在问题),表明判例也采取此种观点。[30]

由此引发的问题,可以通过灵活判断附合成立与否以及当事人之间的特别约定来解决。

第五节　结　语

以上概括讨论了不动产附合的相关问题,附合制度具有牢固的框架体系,具体结论缺乏灵活性的情况比较常见。因此,应充分考虑具体结论的合理性,从功能主义的视角运用该制度。而且,还应当结合具体案情,对其周边问题展开讨论。

---

〔28〕 相关的介绍文献,可参见平田健治「権原者によって付加された物の法的法理について」前田達明等編『奥田昌道先生還暦記念論文集・民事法理論の諸問題(上)』(成文堂,1993年)265頁以下。

〔29〕 最高裁判所1954年1月14日判決,最高裁判所民事判例集8卷1号16頁。

〔30〕 理由是,必要费用和有益费用的返还偿还请求权针对的是与附合物构成一体的"房屋"本身产生的费用,而装修价款债权是独立于房屋的动产即"装修"本身产生的债权,并非发生在"房屋"本身的债权。但是,留置权的成立要件与留置权的效力是两个不同的问题,即使为担保"装修"债权实现而在装修物上成立留置权,为了确保留置权的实效性,充分发挥留置权的效力,认为应当留置装修物所附属的"房屋"的解释论,也是充分成立的。

CHAPTER 13 >>

第十三章

共同所有

第一节　绪　论

在 A、B 共有的甲土地之上存在 A 单独所有的乙房屋，行使在乙房屋之上设定的抵押权时，乙房屋的竞拍人是否取得甲土地的法定地上权，判例的态度基本上是明确的，但学界存在不同观点。

此问题存在分歧的其中一个原因是共有人之一单独使用共有物时的权利关系不明确。如果在建造乙房屋时，A 以取得房屋所有权为目的而对整个甲土地享有约定的使用权，那么只需要讨论竞拍人是否继受取得该使用权即可，不存在发生法定地上权的余地；而 A 作为共有人之一，按照所持份额享有甲土地的使用权，根据该权限建造并保有乙房屋所有权的，竞拍后的法律关系须通过是否成立法定地上权确定。但是，A 依据何种权限建造并保有乙房屋，很多情况下在理论上及实践中并不明确，因此，学界对于如何理解竞拍时的权利关系，形成了错综复杂的讨论。

从上述示例可知,就共有制度而言,尚存在许多需要明确的法律问题。一方面,在当今社会,以夫妻共有或亲子共有的名义建造或购买不动产的情况、城市街道再开发过程中多个土地权利人以共有名义建造房屋的情况以及根据建筑物区分所有权对建筑物用地共有的情况等发生共有关系的情况逐渐增多,问题逐渐复杂化。另一方面,共有制度的讨论重点集中在狭义的共有与合有、总有、互有之间的异同。最近有观点尝试进一步细化分类,出现了新的理论动向。

本书主要讨论稍微偏离传统理论课题的论点,从共有制度的周边问题考察其特殊性。

第二节 共有及所持份额的法律性质

1. 关于共有制度的理解,学说上存在如下对立观点:其一,有观点认为,各共有人就共有物分别享有一个所有权,各所有权按照一定比例相互制约,其内容的总和构成一个完整的所有权(观点①);[1]其二,有观点认为,共有是指数人按照一定比例分享一个物的所有权的状态(观点②)。[2]

因此,关于持份权(对所持份额享有的权利)的法律性质,两种观点也形成对立:观点①认为,持份权是指受同一物之上存在的受其他所有权制约的所有权,而观点②则认为,持份权是指同一所有权依比例划分的一部分。

2. 依观点①,A、B、C 三人共有一物的,若共有人之一 C 的持份权

---

〔1〕 我妻栄 = 有泉亨『新訂物権法』(岩波書店,1983 年)320 頁。

〔2〕 末川博『物権法』(日本評論新社,1956 年)308 頁。

因放弃而消灭，该物为其他的共有人A、B所共有。换言之，C的持份权消灭的，其所持部分并不成为无主物，而是其他的共有人A、B的份额扩张，覆盖C的份额（此为共有的弹性），但因存在民法第255条的明文规定，故观点①和观点②在具体结论上不存在差异。

另外，不管哪一种观点，都认为持份权基本上具有与所有权等同的效力，所以对于处分份额的效力以及是否成立依份额的物权请求权等具体问题，观点①和观点②的结论没有差异。

所以，讨论这一问题的学者自身也认为，这种争论只是“理论层面的争议”，并不会导致实际结果的差异。[3]

3. 但需要注意，在下述情形下，上述观点将导致解释论上的差异。

对A、B共有的不动产，A将其单独登记在自己名下，转卖给C并完成所有权移转登记时，依观点②，A对B持有的份额不享有任何权利，故受让人C也不享有任何权利（就民法第177条的适用范围适用现在的判例和通说观点），B可以不经登记以自己所持份额对抗C，最终C只能取得A对不动产享有的份额。

对此，若依据观点①，A对共有物的整体享有所有权（持份权），只是因存在B的所有权（持份权）而受到一定的制约，因为B的所有权（持份权）未登记（如同不动产之上存在抵押权或其他限制物权但未登记，而出让不动产的情况），C不会受到B的所有权（持份权）的制约，取得不存在任何负担的单独所有权。[4]

此种情形采用观点②不利于保护信赖A单独所有的C的利益，而采用观点①则会使恶意的C取得权利，不管哪一种观点都存在问题。

---

〔3〕 我妻栄＝有泉亨『新訂物権法』（岩波書店，1983年）319頁、柚木馨＝高木多喜男『判例物権法総論（補訂版）』（有斐閣，1972年）516頁。

〔4〕 观点①是在类推适用第94条第2款保护第三人的判例法理确立以前，在第177条的框架下，为保护像本案中C这样的第三人而提出的解释论。

现在,观点②通过对民法第94条第2款的类推适用法理弥补缺陷,而观点①则通过灵活运用背信恶意人排除法理弥补缺陷。最近多数学说倾向于支持观点②。

4. 上述讨论主要围绕"共同继承与登记"问题展开,[5]但须注意,因继承以外的原因发生共有关系的,需要采取稍微不同的处理方式。

例如,对于甲单独所有的不动产,甲转让部分份额于乙,两者成立共有。此种情形下,若甲向乙移转持份权而未登记,甲又将该整个不动产转卖给丙并完成所有权移转登记的,无论采取观点①抑或观点②,因发生了甲→乙和甲→丙的二重让与关系,乙必须登记自己的份额,否则不能对抗丙。因此,在这种情况下,不管丙善意抑或恶意(只要不是背信恶意),该不动产都成为丙的单独所有物。

虽然这不属于共有制度本身的问题,而是因对抗问题的特殊性而出现的问题,但也启发我们在思考与共有相关的问题时,应注意关注共有关系的产生过程。

第三节 共有人对共有物的利用

一、共有物的使用与处分原则

1. 各共有人对共有物享有的权利(持份权)除受到其他共有人权利的制约外,实质上等同于所有权,因此各共有人可以不受其他共有人意思的拘束自由地处分,当持份权的圆满行使受到阻碍时,可以单独请求

[5] 参见鎌田薫「継続と登記」星野英一編『判例に学ぶ民法』(有斐閣,1994年)57頁以下、本书第八章"继承与登记"部分的内容。

排除妨碍。[6] 但需要严格区分各共有人依各自的持份权提出的主张和数人依据对整个共有物共同享有的一个所有权(共有权)提出的主张。因此,共有人对第三人提起的确认共有权之诉[7]和共有不动产的界线确定之诉[8]属于固有的必要共同诉讼。

但是,各共有人对整个共有物自由行使与一般的所有权人完全相同的绝对权能时,各共有人相互之间发生权利冲突,故对于共有物的使用和处分,各共有人的权利处于相互制约的关系中。

2. 民法为调整共有人之间的利害关系,实现共有物的有效利用,规定了如下原则:

(1)各共有人可依各自份额使用整个共有物(第249条第1款)。

(2)各共有人可单独实施保存行为(第252条第5款)。

(3)涉及共有物的管理事项,按各共有人所持份额的价值,以其过半数决定(第252条第1款)。

(4)非经全体共有人同意,各共有人不得变更共有物(未对共有物的形状或效用进行显著变更的除外)(第251条)。[9]

此外,民法第251条规定的共有物之"变更"是指直接将田地改为宅基地,或改建房屋(物理变更)等,但出卖共有物或实施其他法律上的处分的,同样需要经过全体共有人的同意。以前的学说通常将共有物的法律处分包含在民法第251条规定的"变更"中,[10] 近年来,有力观点认为,整个共有物的处分是对全体共有人持份权的处分,当然需要经过

〔6〕 最高裁判所2003年7月11日判決,最高裁判所民事判例集57卷7号787頁;鎌田薫「不実の持分移転登記と共有者の一人による抹消登記請求」法律時報別冊『私法判例リマークス2004下』(2004年)14頁。

〔7〕 最高裁判所1971年10月7日判決,最高裁判所民事判例集25卷7号885頁等。

〔8〕 最高裁判所1971年12月9日判決,最高裁判所民事判例集25卷9号1457頁。另外,对于提起界线确定之诉,共有人之中存在不同意见者,可以将其与邻地的所有权人一并作为被告而提起诉讼。最高裁判所1999年11月9日判決,最高裁判所民事判例集53卷8号1421頁。

〔9〕 依2021年修改后的民法,将原文的条文相应改为"第249条第1款""第252条第5款""第252条第1款",将"不得变更共有物"改为"不得变更共有物(未对共有物的形状或效用进行显著变更的除外)"。

〔10〕 内田貴『民法Ⅰ(第三版)』(東京大学出版会,2005年)391頁等。

全体共有人的同意。[11]

二、共有人之一的单独使用

1. 虽然各共有人可以按照各自的份额使用共有物,但实际上多采取划分时间和空间范围分别使用,或使其中一个共有人、第三人使用共有物而由全体共有人按照持份比例分割租金债权的方法,比如A、B按月交替使用共有的机动车,X、Y在共有的土地上分别建造相同规模的房屋等。像这样不破坏共有物的性质,使其中一个共有人或第三人使用共有物的行为,被称为"管理行为",而将共有物出卖给第三人或在共有物之上设定地上权等行为属于"处分行为"。[12]

由此可见,涉及共有人对共有物的使用问题,多数情况下都可以归结为共有物的管理或处分问题。

2. 像共同继承这种非依当事人意思而形成共有关系的情况,比较容易出现共有人未就共有物的使用方法达成合意而其中一个共有人排他使用共有物的案件,以及多数持份权人请求自继承开始便一直单独占有共有物的少数持份权人交出共有物的案件。[13]

像A、B共同出资购买机动车,当事人依合意实施法律行为而形成共有关系的情况,通常当事人从开始就会对共有物的使用方法达成明示或默示的合意。此种情形也存在需要解决的难题,因为依共有人合意成立的使用权的法律性质,存在许多不明确的问题。

以下针对其中一个共有人单独占有使用共有物时的问题,区分擅

---

〔11〕 川島武宜＝川井健編『新版註釈民法(7)』(有斐閣,2007年)452頁(川井健執筆)、広中俊雄『物権法(第二版増補)』(青林書院,1987年)428頁等。

〔12〕 管理行为和处分行为的区分并不明确。民法第602条规定"不具有处分能力和处分权限的人"即只能实施管理行为的人可以出租共有物,被作为一项重要的区分标准。为此,2021年修改后的民法新设第252条第4款的规定(日文原文的表述为"有力な基準……争いがある",根据2021年修改后的民法,将其修改为"有力な基準がされてきた。これを承けて二〇二一年に二五二条四項が設けられた")。

〔13〕 我国民法未就遗产管理设立特别规定,也是其中的一个原因。

自单独使用和经共有人合意的使用分别加以讨论。

三、共有人之一不法占有

1. 未经全体共有人协商，其中一个共有人超出自己份额范围使用共有物时，其他共有人的持份权因此受到侵害，对于可以提出何种请求制止这种侵害行为，判例的态度如下：

(1)像部分共有人擅自破坏共有房屋，共有物遭到物理性破坏的情况，因处分权及于共有物的整体，各共有人可单独以持份权受到侵害为由请求停止对整个共有物的毁损行为。[14]

(2)共有人中的一人将不动产单独登记在名下，其他共有人的持份权因此受到侵害，但该登记并不会完全无效，其在登记名义人所持份额的限度内有效，其他共有人只能要求将登记状态变更为能够体现自己所持份额的登记，而不能请求抹除该登记。[15]

(3)共有人中的一人擅自单独占有使用共有物的，妨碍了其他共有人圆满行使自己的持份权，故成立物权请求权。但判例认为，对排他独占使用共有物的人，其他共有人既不能要求其承担不作为义务，使其不妨碍自己根据份额对共有物的使用(①)，[16]也不能要求其全部交付或交出共有物(②)。[17] 即便单独占有人是未经全体共有人协商而单独占有且份额价值过半数的人，以及未经全体共有人协商而由部分共有人授权占有使用共有物的第三人，也作同样处理。[18]

在上述(1)的情形中，可以要求共有人停止超出持份范围使用共有

---

〔14〕 大審院 1919 年 9 月 27 日判決，大審院民事判決録 25 輯 1664 頁。

〔15〕 最高裁判所 1963 年 2 月 22 日判決，最高裁判所民事判例集 17 巻 1 号 235 頁等。

〔16〕 大審院 1922 年 2 月 20 日判決，大審院民事判例集 1 巻 1 号 56 頁。

〔17〕 最高裁判所 1966 年 5 月 19 日判決，最高裁判所民事判例集 20 巻 5 号 947 頁。

〔18〕 最高裁判所 1982 年 6 月 17 日判決，判例時報 1054 号(1982 年)85 頁；最高裁判所 1988 年 5 月 20 日判決，判例時報 1277 号(1988 年)116 頁；参照本书第十四章“共有物的利用与腾退请求”部分。

物的行为,而在上述(3)②不法占有的情形中,实际上不能要求超出持份范围而单独排他使用共有物的共有人停止妨害行为,这些处理方式是否具有合理性,不无问题。像(1)以及(3)①的情况,可以仅就妨害部分,要求其停止妨害持份权的行为。但是,像共有人中的一人 A 在整体的共有土地之上建造房屋并单独占有的情况,除非拆除全部房屋使其交出土地,否则不存在其他使其停止不法占有的方法。虽然 A 的确是违法单独占有使用共有物,但 A 有权在自己持份范围内占有使用共有物,若肯定其他共有人 B 对 A 的交出请求(物权返还请求),不仅剥夺了其依据自己份额占有使用共有物的权利,而且相当于命令请求者 B 超出持份范围违法单独排他地占有共有物。这就是在(3)②的情形中,其他共有人不能要求独占排他占有共有物的共有人交出共有物的理由。

2. 但是,像(3)的情况,虽然其他共有人无权请求单独占有使用共有物的共有人交出共有物,也不意味着其占有是合法的。所以,在这种情况下,只要该占有人的不法占有状态持续,其就应对于超出其持份范围的占有使用,向其他共有人返还相应土地租金的不当得利或承担侵权损害赔偿。[19]

问题是,应如何终止此种不法占有状态。首先可以考虑由全体共有人协商确定共有物的使用方法。[20]

但是,根据民法第 252 条第 1 款的规定,[21] 涉及共有物的管理方法,按照各共有人所持份额,以其价值过半数者决定。所以如果单独占有人为持份价值过半数者,经过协商,现在的占有状态将具有正当性。反之,若单独占有人为少数持份权人,则其占有使用共有物的可能性将

---

〔19〕 最高裁判所 2000 年 4 月 7 日判决,判例時報 1713 号(2000 年)50 頁,并参照民法第 249 条第 2 款的规定(参照第 249 条第 2 款的规定是追加内容)。

〔20〕 对协商结果不服的共有人只能处分其份额并退出共有关系,或请求分割共有物并解除共有关系。因此,份额处分及共有物的分割请求从法律上或事实上受到制约时,应就共有物的使用方法作特殊考虑。

〔21〕 依修改后的民法,将日文原文"第 252 条"改为"第 252 条第 1 款"。

会被全面剥夺。

如果采用上述观点，则像判例这样认定未经全体共有人协商而开始的占有违法但否认交出请求的做法，实际上过于迂回，倒不如直接根据单独排他占有人是否属于持份价值过半数的共有人（及其授权的使用人），认定占有合法或肯定交出请求。[22] 但判例却未采取此种观点，究竟是因为对自力救济式的占有开始行为施加制裁，或者有必要综合考虑各种利益保持现有的占有状态，还是因为倾向于使共有人提出分割共有物的请求，仍需结合具体的案情展开深入讨论。

四、对共有人之一的使用许可

1. 经共有人过半数同意，共有人中的一人在共有土地之上建造单独所有的房屋并独自占有的，应如何理解该共有人的占有权限呢？

无论是从时间上还是空间上来说，该共有人可以超出持份范围单独使用共有物，故明显不属于第 249 条第 1 款[23]规定的"依所持份额的使用权"。一方面，如果认为在共有物的整体之上设定了约定的使用权，则与通说观点相矛盾，因为通说观点认为，该占有人的持份部分发生混同效果（第 179 条），除此之外的部分因租赁权及地上权是独占使用不动产的权利，而属于受其他共有人持份制约的共有持份，无法作为租赁权和地上权的标的。无论如何，主张成立约定使用权的观点是存在疑问的。

另一方面，若认为在这种情况下，没有为该占有设定约定的使用权，诸如在甲乙共有的土地之上存在甲单独所有的房屋，行使该房屋之上设定的抵押权的情况下，否定法定地上权的成立，将使房屋的竞拍人

〔22〕 石田喜久夫「多数持分権者からの買主に対する少数持分権者の返還請求」判例タイムズ505 号（1983 年）39 頁（石田喜久夫『民法判例評釈』（成文堂，1990 年）47 頁）参照。

〔23〕 依修改后的日本民法，将日文原文第 249 条改为"第 249 条第 1 款"。

无法取得任何的土地使用权限。但是,判例认为,只要不存在特殊事由,法定地上权就不成立,房屋竞拍人只能应对土地共有人提出的拆除房屋归还土地的请求。

对此,我妻博士认为,“持份份额之上本不能成立地上权和租赁权,为了使甲单独保有共有土地之上房屋的所有权,必须认为甲乙共有人之间已经设定了土地使用关系”〔24〕。

虽然是为了权衡经全体共有人协商为第三人设定使用权的情况,但依我妻的观点,共有人集体与被允许单独占有的共有人之间设定约定使用权,对房屋及土地共有持份行使抵押权时,须根据该约定使用权是否具有可让与性以及是否具有对抗力实现问题的解决。但是,这样将共有人集体看作一种法人,主张该共有人集体是与各共有人分离的独立法律主体的解释论,不符合我国的实际,仅限于此种情形而采取这样的解释论是否恰当,仍存在讨论的余地。

2. 关于共有人之一经允许对共有物单独使用的终止方法,最高裁判所〔25〕在共同继承人中的一人自继承开始前便基于使用借贷合同使用房屋的案件中,判定该使用借贷合同的解除属于管理行为,应依持份价值的过半数决定。

对此,有力观点认为,决定由哪一个共有人使用收益共有物,属于共有物的管理事项,可以依持份价值的过半数决定,〔26〕但已经决定的使用、收益方法的变更,从字面来看属于“变更”事项,必须经过全体共有人的同意,或者将其理解为管理事项,援用权利滥用、违反诚实信用原则法理或准用正当事由法理实现恰当的解决。〔27〕受此观点的影响,

〔24〕 我妻栄『新訂担保物権法』(岩波書店,1971年)360頁。

〔25〕 最高裁判所1954年3月12日判決,最高裁判所民事判例集8巻3号696頁。

〔26〕 若有共有人提出反对意见,可以通过补偿或分割共有物的方式解除共有关系,避免使其遭受损害。

〔27〕 塩崎勤「共有物の保存・管理をめぐる諸問題」牧山市治=山口和男編『民事判例実務研究第一巻』(判例タイムズ社,1980年)105頁以下等。

2021年修改后的民法新设第252条第3款，规定“共有人之间的决定对使用共有物的共有人造成特别影响时，应征得其同意”[28]。

第四节　第三人租赁共有物的各种问题

一、租赁合同的缔结

过去的裁判和多数学说曾认为未超出民法第602条规定期间的租赁合同的缔结属于管理行为，可以依持份价值的过半数决定，但超出该规定期间的租赁属于共有物的处分行为，须经过全体共有人的同意。[29]

对此，有力观点认为，根据是否超出第602条规定的期间判断租赁合同的缔结属于管理行为抑或处分行为过于形式化，应综合考虑共有物的种类、承租人的使用目的及其他各种情况判断属于管理行为还是处分行为。但是，2021年修改后的民法规定采取了判例和通说的观点。[30]

此外，这种情况下的租金债权一般被理解为不可分债权。

二、租赁合同的解除

1. 最高裁判所1964年2月25日判决[31]认为租赁合同的解除属于管理行为，因判决否定了具有1/2持份的共有人单独提出的解约申请的效力，故该判决的先例价值受到一定的限制。

多数学说认为，租赁合同的解除既不属于单纯维持现状的行为（保

---

〔28〕 追加内容。

〔29〕 日文原文本段末尾表述为“要すると解している”，将其修改为“要すると解してきた”——镰田老师修改内容。

〔30〕 受2021年民法修改的影响，增加“但是，2021年修改后的民法采用了判例和通说的观点”的内容。

〔31〕 最高裁判所1964年2月25日判决，最高裁判所民事判例集18卷2号329頁。

存行为),也不属于改变标的物性质的行为(处分行为),可以将其解释为管理行为。

与共有人相互之间的单独使用关系的终止情况相比,对于解除第三人租赁合同的情况,采取限制解释的观点较弱。原因是,共有人之间的合同解除问题通常在共同继承人之间的争议案件中出现,尽管有必要维持占有人的基本生活,但一般亲属之间的使用关系是使用借贷关系,不适用《借地借家法》上的存续保护规定,因此有必要依共有法理限制解除或解约申请的效力,而与第三人的租赁关系,没有必要采取此种解释。

2. 将共有物租赁合同的解除解释为管理行为,须处理好它与民法第 544 条第 1 款规定的解除权不可分性之间的关系。

判例认为,共有物的租赁合同解除属于第 252 条第 1 款[32]规定的管理事项,不适用第 544 条第 1 款的规定。[33]

学说上也存在支持判例的观点,但多数观点认为,共有人之间的合同解除的意思决定问题与向对方作出解除意思表示的问题是两个不同层面的问题,涉及前者的民法第 252 条第 1 款[34]规定不能优先于涉及后者的民法第 544 条第 1 款的规定,该观点是合理的。

但是,关于第 544 条第 1 款的具体适用,多数学说存在不同的观点。有观点认为,必须由赞成解除的多数共有人共同行使解除权;[35]也有观点认为,在作出解除的意思决定时,如果经多数决以全体共有人的名义作出意思表示,则赞成解除者可以以包括反对者在内的全体共有人的

---

〔32〕 修改后的民法将原来的第 252 条改为第 251 条第 1 款。

〔33〕 最高裁判所 1964 年 2 月 25 日判决,最高裁判所民事判例集 18 卷 2 号 329 頁。

〔34〕 修改后的民法将原来的第 252 条改为第 251 条第 1 款。

〔35〕 川島武宜 = 川井健編『新版註釈民法(7)』(有斐閣,2007 年)457 頁(川井健執筆)。

名义作出解除的意思表示。[36]

第五节　共有物的分割

1. 如上所述,当共有人就共有物的使用关系发生争议时,不满足现状的共有人可以出让份额脱离共有关系,或请求分割共有物解除共有关系。但是,份额的出让和共有物的分割意味着改变共有人集体的成员以及集体的解散,至少在达成一定目的前,需要使共有关系以及共有人集体存续时,应禁止或限制份额的处分及共有物的分割请求(民法第256条但书规定、[37]第676条)。不存在此种限制的情况,原则上共有人可随时请求分割共有物(民法第256条第1款[38])。

2. 共有物的分割原则需要共有人的合意,未达成或无法达成合意时,[39]可以请求裁判所分割(第258条第1款、第907条第2款[40])。

关于具体的分割方法,共有人达成合意的,可以自由分割,基本的分割方法包括:按份额比例分割实物的方法(实物分割);出卖共有物,按份额比例分配价款的方法(价款分割);其中一个共有人保有所有权,按份额比例向其他共有人支付金钱的清算方法(价值赔偿分割)。

请求裁判所分割的,原则上应采取实物分割和价值赔偿的分割方式,不能采取实物分割或价值赔偿的分割方式,或者采取这些方式会极

---

〔36〕 猪瀬慎一郎「共同相続財産の管理」中川善之助先生追悼現代家族法大系編集委員会編『現代家族法大系5』(有斐閣,1979年)9頁。

〔37〕 依修改后的民法规定,原第257条变为第256条第1款但书规定。

〔38〕 修改后的民法将原来的第256条改为第256条第1款。

〔39〕 将日文原文"協議が調わないとき"改为"協議が調わないときまたは協議ができないとき"——镰田老师追加内容。

〔40〕 依修改后的民法规定,原第907条的内容变为"第907条第2款"。

大减损共有物价值的,〔41〕可以通过拍卖并将拍卖所得分配(第258条第3款〔42〕)。但是,在遗产分割的情况下,有必要一体分割被继承人的全部遗产,所以可以经过一定的调查程序,采取相对自由的分割方法(民法第906条以下、《家事事件程序法》第191条以下〔43〕)。

3. 过去判例曾倾向于严格解释原第258条,〔44〕认为依裁判的分割不能采取价值赔偿的方法,〔45〕但最高裁判所大法庭1987年4月22日判决认为,〔46〕实物分割但各部分价值不均等的,可以通过金钱支付进行调整;若A、B共有甲乙两个物件,可以不分别分割甲乙二物,由A单独取得甲物,B单独取得乙物;若A、B、C三人共有一物,A提出分割请求的,可以将A的份额分割给A,剩余部分由B、C共有。之后的判例承继上述判决,实现了裁判上分割共有物的灵活性。〔47〕

4. 这种趋势受到多数学说的欢迎,但也有学者指出这种"灵活"的分割的方法可能破坏当事人之间的公平。例如,多个小规模商贩共同建造一栋高楼并开设商铺,目的是防止不适合的营业类型加入并维持整体上的营业秩序,这种情况还是应当采取使全体经营者共有该高楼的方法。在这种情况下,若多数派对少数派商铺经营者提出价值赔偿的分割请求,实质上属于"恃强凌弱",至少对于只能在此处继续经营的业主而言,结果过于残酷。

或许是因为考虑到上述批判,最高裁判所1993年10月31日判

〔41〕 日文原文"現物をもって分割すべきであり、現物分割が不能であるか、現物分割によって著しく……"改为"現物または価格賠償による分割をすべきであり、それらが不能であるか、著しく……"——镰田老师修改内容。

〔42〕 修改后的民法将原第258条第2款的内容修改为第258条第3款。

〔43〕 日文原文表述为"家事審判規則一〇四条以下",根据镰田老师的修改内容,将其改为"家事事件手続法一九一条以下"。

〔44〕 受修改后的民法影响,将原文第258条第2款修改为"原第258条"。

〔45〕 最高裁判所1955年5月31日判决,最高裁判所民事判例集9卷6号793頁参照。

〔46〕 最高裁判所大法廷1987年4月22日判决,最高裁判所民事判例集41卷3号408頁。

〔47〕 最高裁判所1992年1月24日判决,判例時報1424号(1992年)54頁。

决[48]认为,“应综合考虑共有物的性质及形状、共有关系的发生原因、共有人的数量及各自的持份比例、共有物的使用状况及分割后的经济价值、共有人希望的分割方法及这种分割方法的合理性等因素,若使特定的共有人取得该共有物是正当的,且共有物的价值得到了合理的评估,取得该共有物的人具有支付能力,使其他共有人取得各自份额对应的价值不会破坏共有人的实质公平”,仅限于在此种特殊情况下,可以采取全面的价值赔偿的分割方法。

第六节　结　语

以上主要围绕共有物的管理和处分的解释问题展开了概括讨论,民法第 249 条以下所规定的共有是共有人可以随时处分份额退出共有关系,或请求分割共有物解除共有关系。但现实社会中存在的典型共同所有关系包括从物的性质上来说不适合分割的“互有”(第 257 条)、为实现共同目的而限制处分共同活动财产份额及分割请求的“合有”(第 676 条),以及实质上属于集体所有但该集体不具有法人资格,其组成人员属于名义所有权人的“总有”,除此之外,还包括这些共有关系的中间形式等多种多样的共有关系。

对于作为本书核心课题讨论的共有物的使用关系,过去的讨论并没有充分关注共有关系的成立经过。但正如前文所述,依当事人的合意形成共有关系的情况与像遗产继承这样非因合意形成的共有关系,涉及共有物使用关系的纠纷类型是不同的。

而且,比如《建筑物区分所有法》就区分所有建筑物共有部分的变

〔48〕 最高裁判所 1993 年 10 月 31 日判决,最高裁判所民事判例集 50 卷 9 号 2563 頁。

更(第 17 条)、区分所有建筑物共有用地的变更(第 21 条)及区分所有建筑物的重建(第 62 条)等设立特别规定,规定可以由 3/4 或 4/5 以上的区分所有权人或具有议决权的业主决定上述事项。这实际上是认为建筑物区分所有情形的共有关系与互有关系相同,属于不适合分割的"被强迫的共有关系",故对全员一致原则进行了修正。

因此,在思考共有物的使用关系及共有物的分割问题时,应从上述视角出发,根据其具体情况提出灵活的解释路径。〔49〕

〔49〕 山田教授曾指出,在共有人享有的经济价值的实现过程中,若是以处分份额的折价补偿方法为重点的类型,则可以承认不以合意为依据的规则之有效性,而若是以共有物分割为重点的类型,则可以广泛适用全员一致原则。关于山田教授观点的概述,可参见山田誠一「共有者間の法律関係」私法 47 号(1985 年)178 頁以下。

CHAPTER 14 >>

第十四章

共有物的利用与腾退请求

第一节　绪　论

数人共同所有同一物的状态称为共有。各共有人对共有物享有的权利(持份权)实质上等同于所有权,所以各共有人可以自由地处分其份额(不受其他共有人意思的干涉),当持份权的圆满行使受到妨碍时,可以请求排除妨碍。[1] 但是,各共有人对共有物的整体行使与一般所有权人相同的权利时,各共有人之间会发生权利冲突,故对于共有物的使用和处分,各共有人的权利处于相互制约的关系。民法规定,各共有人可依其份额使用共有物的整体(第 249 条第 1 款),各共有人可单独实施共有物的保存行为(第 252 条第 5 款),涉及共有物的管理事项,依份额的过半数决定(第 252 条第 1 款),非经全体共有人同意,各共

---

〔1〕 但是应严格区分各共有人依各自份额提出的请求和全体共有人共同行使一个所有权(共有权)提出的请求,参见最高裁判所 1971 年 10 月 7 日判决,最高裁判所民事判例集 25 卷 7 号 885 頁。

有人不得变更共有物(第251条第1款)。[2] 此外,出卖整个共有物或为其他处分的,属于对全体共有人持份权的处分,因此当然需要经过全体共有人的同意。[3]

那么,当部分共有人违反其他共有人的意愿独自排他使用整个共有物,或擅自将整个共有物交由第三人排他使用,出现与上述原则相抵触的情况时,其他共有人可以对独占使用共有物的共有人及第三人提出怎样的请求呢?这个问题在判例上通常作为共同继承人之间围绕遗产分割前的共同继承财产的使用方法产生争议的案件出现。对此,实践中出现了经部分共有人同意其对共有物占有使用的共有人,对此未表示同意的其他继承人根据持份权请求其交出共有物的案件,下文将以此案件的最高裁判所1988年5月20日第二小法庭作出的判决[4]为素材,考察这一问题。

第二节 事实概要

A对本案房屋享有所有权,并在此经营一家医院,但在1981年12月A死亡后,其兄B、X及其妹C各持1/4的份额,亡弟D的两个代位继承人各持1/8的份额,继承了该房屋。

全体共有人未就如何使用本案房屋达成协议(遗产分割的调解未能成功),但A死前留下一封未捺印的遗嘱,根据遗嘱的内容,A的债务由Y(B、C的丈夫和亡弟D的妻子等为理事而X不参与的一家医疗法

〔2〕 括号中的条文数均为修改后民法的最新条文。

〔3〕 川島武宜＝川井健編『新版註釈民法(7)』(有斐閣,2007年)450頁(川井健執筆)等。

〔4〕 最高裁判所第二小法廷1988年5月20日判決,金融・商事判例797号3頁、判例時報1277号(1988年)116頁、判例タイムズ668号(1988年)128頁。

人）代为偿还，A将本案房屋遗赠给Y，Y在A死后实际上占有本案房屋，全面托管了入院患者、护士、行政人员、医疗器械、设备等，将其作为Y经营的医院的分院，继续开展医疗活动，并正在偿还A的个人债务。另外，B等人（除X以外的全体继承人）于1985年1月，为明确共有人的内部关系，与Y缔结了以Y使用借贷本案房屋并代为偿还A剩余债务为内容的使用借贷合同。

在这种状况下，X根据共有持份权对Y提出了交出本案房屋的请求。

原审认为，本案房屋的使用状况在继承前后并没有发生任何变化，故本案使用借贷合同的缔结属于民法第252条规定的"管理事项"，是Y与合计具有3/4持份权的B等人缔结的合同，驳回了X的控诉请求，X以本案合同的缔结属于处分行为为由，提出上诉。

第三节　裁判要旨

驳回上诉。

"基于共同继承关系的共有人未经与其他共有人协商，无权单独占有共有物，但可以根据自己的份额占有该共有物，因此其他的共有人不能对依自己的份额现在占有共有物的共有人提出交出共有物的请求，[5]这种逻辑同样适用于仅获得部分共有人同意而占有使用共有物的第三人和其他共有人之间的关系，未经全体共有人协商，经部分共有人同意而占有使用共有物的第三人，虽然不能对未同意其可以占有使用共有物的共有人主张具有排他占有共有物的权限，但在同意其占有

〔5〕最高裁判所第一小法廷1966年5月19日判决，最高裁判所民事判例集20卷5号947頁。

的共有人的持份限度内,第三人享有占有使用共有物的权限,对第三人占有使用共有物未表示同意的共有人无权要求第三人交出共有物。不因承认第三人占有使用的原因属于共有物的管理还是处分,导致不同的结论。"

就本案而言,X 对本案房屋享有 1/4 的份额,Y 与其余的共有人缔结使用借贷合同而使用本案房屋,X 不能仅依据该事实请求 Y 交出本案房屋。

第四节　解　说

1. 本案是关于共同继承人就遗产分割前的共同继承财产的使用收益产生争议的案件,但不是关于共同继承人之间的争议,而是关于继承开始后经部分共同继承人同意使用共有物的第三人与未表示同意的继承人之间的争议。

近来,有力观点强调"遗产管理"问题具有特殊性,〔6〕而判例认为,遗产的共有关系与民法第 249 条以下规定的共有不存在性质上的差异。〔7〕本案虽然采用了"基于共同继承关系的共有人"的表述,但整体上并未将其作为特别的遗产管理案件,而是就共有物的使用管理应适用的一般规则展开了说理。

2. 如前所述,共有持份权实质上属于被限制的所有权,故当其受到侵害时,可以排除侵害。

但是,为了认可本案 X 的请求,首先,须认定 Y 的占有侵害了 X 的

---

〔6〕 品川孝次「判批」上智法学論集10巻3号(1967年)87頁、星野英一「判批」法学協会雑誌84巻5号(1967年)171頁(星野英一『民事判例研究二1』(有斐閣,1971年)210頁)等。

〔7〕 最高裁判所第三小法廷1955年5月31日判決,最高裁判所民事判例集9巻6号793頁等。

共有持份权(①);其次,作为排除Y侵害的法律手段,须承认因不法占有共有持份权受到侵害的共有人可以请求占有人向自己交出共有物(②)。

3. 对于上述①,一般而言,共有人有权按照份额对整个共有物使用和收益(第249条第1款[8]),故只要第三人或其他共有人未按照民法第251条及第252条规定的使用方法而单独排他占有使用共有物的,便构成对共有持份权的侵害。

原审判决认为,本案的使用借贷合同属于管理行为,并以该合同是经持份过半数的共有人同意而缔结为由,认定Y的占有合法,但上诉判决认为,因未经共有人协商同意,Y的占有权限不具有以此对抗X的合法性。

当然,上诉判决因为没有采取前述②的解释,所以无论如何解释①,都不能改变否定交出请求的结论。因此,只能将本案判决关于Y占有权限的说明看作旁论。下文将以Y的占有不合法为前提,就是否认可前述②的交出请求进行讨论。

4. 排除共有持份权侵害的方法,因侵害主体及侵害形态的不同而不同。

(1)如果是不具有任何权限的第三人实施的侵害,各共有人可单独请求排除侵害。例如,各共有人可单独请求无效登记、登录的名义人抹除登记,[9]各共有人可请求不法占有人向自己交出整个共有物。[10]关于各共有人可以单独提出请求的依据,多数观点认为可以类推适用不

〔8〕修改后民法的最新条文。

〔9〕大審院1923年4月16日判决,大審院民事判例集2卷243頁;最高裁判所第一小法廷1956年5月10日判决,最高裁判所民事判例集10卷5号487頁(涉及共同继承财产的案件);最高裁判所第三小法廷1958年7月22日判决,最高裁判所民事判例集12卷12号1805頁(涉及合伙财产的案件)等。

〔10〕大審院1921年3月18日判决,大審院民事判决録27輯547頁;大審院1921年6月13日判决,大審院民事判决録27輯1155頁。

可分债权的相关规定(第 428 条),〔11〕或者将此种请求解释为保存行为(第 252 条第 5 款〔12〕),〔13〕但最近多数意见认为,基于持份权的性质,各共有人当然可以单独提出请求。〔14〕

(2)若侵害主体是共有人中的一人,一方面,原则上持份权的效力及于共有物的整体;另一方面,侵害主体也享有持份权,可以按照份额使用共有物,此种情形呈现复杂的状况。

A. 若部分共有人毁损共有物,因处分权及于共有物的整体,所以各共有人可以单独请求停止对整个共有物的毁损行为。〔15〕

B. 共有人之一将共有物单独登记在自己名下,因该登记在登记名义人的持份限度内有效,所以其他共有人只能请求将登记变更为能够体现自己份额的登记,而不能请求抹除全部登记。〔16〕

C. 共有人之一不享有任何权限而单独占有使用共有物的,其他共有人既不能要求其承担不作为义务,使其不妨碍自己根据份额对共有

---

〔11〕 大審院 1921 年 3 月 18 日判決,大審院民事判決録 27 輯 547 頁;末川博『物権法』(日本評論新社,1956 年)312 頁、舟橋諄一『物権法』(有斐閣,1960 年)381 頁、我妻栄 = 有泉亨『新訂物権法』(岩波書店,1983 年)328 頁等(但是,舟桥和我妻认为,抹除登记请求等妨碍排除请求是持份权的当然效力,对于返还请求,我妻类推适用不可分债权的规定,将其认定为保存行为,主张可以单独将共有物返还给自己)。

〔12〕 修改后民法的最新条文。

〔13〕 大審院 1923 年 4 月 16 日判決,大審院民事判例集 2 巻 243 頁;大審院 1921 年 6 月 13 日判決,大審院民事判決録 27 輯 1155 頁;最高裁判所第一小法廷 1956 年 5 月 10 日判決,最高裁判所民事判例集 10 巻 5 号 487 頁;最高裁判所第三小法廷 1958 年 7 月 22 日判決,最高裁判所民事判例集 12 巻 12 号 1805 頁等。

〔14〕 川島武宜 = 川井健編『新版註釈民法(7)』(有斐閣,2007 年)440 頁、442 頁(川井健執筆);広中俊雄『物権法(第二版増補)』(青林書院,1987 年)437 頁。参见最高裁判所第二小法廷 2003 年 7 月 11 日判決,最高裁判所民事判例集 57 巻 7 号 787 頁;鎌田薫「不実の持分移転登記と共有者の一人による抹消登記請求」法律時報別冊『私法判例リマークス2004 下』(2004 年)14 頁。

〔15〕 大審院 1919 年 9 月 27 日判決,大審院民事判決録 25 輯 1664 頁;最高裁判所第二小法廷 1998 年 3 月 24 日判決,判例時報 1641 号(1998 年)80 頁。

〔16〕 最高裁判所第二小法廷 1963 年 2 月 22 日判決,最高裁判所民事判例集 17 巻 1 号 235 頁等。但是,最高裁判所第一小法廷 2005 年 12 月 15 日判決(判例時報 1920 号(2006 年)35 頁)认为,存在不符合实际的权利变动过程的登记,若不办理与更正前的登记有所不同的登记,无法保证登记状态符合实际的,应肯定抹除登记的请求。

物的使用,[17]也不能要求其全部交付或交出共有物。[18] 因为单独使用共有物的共有人有权按照自己的份额占有使用共有物,若要求其交出整个共有物,相当于剥夺了该共有人的使用权限。不仅如此,承认交出请求属于赋予请求权人单独排他占有的权限,相当于命令请求权人超出持份限度违法单独地占有共有物。[19]

5. 像本案中经部分共有人同意而占有使用共有物的第三人,属于以上哪一种类型呢?

对此,最高裁判所第一小法庭 1982 年 6 月 17 日判决[20]作出与本案相同的一般性说明后,指出"享有少数持份权的上诉人既不能根据自己的持份权向经过多数持份权人同意而占有使用共有物的被上诉人请求交出房屋用地部分,排除持份权的妨碍,也不能像对待明显不法占有共有物的占有人那样,实施对共有物的保存行为,单独请求向自己交出用地部分",适用了上述(2)C 的法理逻辑。

因此,可以认为本案判决继承了最高裁判所 1982 年判决的立场,但是 1982 年判决是关于从多数持份权人手中购买部分共有不动产的第三人,在将来确定具体的土地范围和价款数额的前提下,受让取得该部分共有不动产并在此之上建造房屋,占有房屋用地部分的案件,[21]实质上类似于共有持份的受让人与少数持份权人之间的争议,从这种意义上来说,可以认为该案是无限接近于(2)C 类型的特殊案件,本案判决的出现使论点更加明确。[22] 但是,暂且不论其具体的

〔17〕 大審院 1922 年 2 月 20 日判决,大審院民事判例集 1 巻 1 号 56 頁。

〔18〕 最高裁判所第一小法廷 1966 年 5 月 19 日判决,最高裁判所民事判例集 20 巻 5 号 947 頁;最高裁判所第二小法廷 2000 年 4 月 7 日判决,判例時報 1713 号(2000 年)50 頁。

〔19〕 关于 1966 年判决之前的裁判及学说状况,奈良次郎「判例解説」『最高裁判所判例解説・民事篇(昭和 41 年度)」(法曹会,1967 年)参照。

〔20〕 最高裁判所第一小法廷 1982 年 6 月 17 日判决,金融・商事判例 656 号(1982 年)15 頁、判例時報 1054 号(1982 年)85 頁、判例タイムズ479 号(1982 年)90 頁。

〔21〕 就该部分而言,多数持份权人丧失了占有,买受人的占有为自主占有。

〔22〕 富越和厚「判例解説」ジュリスト918 号(1988 年)79 頁参照。

法律形式,本案中的Y实质上相当于除X以外的共同继承人的集合体,从这种意义上来说,也可以认为本案是无限接近于(2)C类型的案件。

6. 另外,本案判决虽然没有承认X对Y的交出请求,但并不意味着Y的占有是合法的。因此,X可以请求Y偿还使用的对价。[23] 而且,一般也应当认为可以请求停止妨碍基于份额对共有物的使用收益,[24]但像本案这种情况,难以明确请求权的具体内容,主张请求的内容是依自己的份额共同占有共有物的观点,[25]实践中是否可行及是否具有合理性,存有疑问。[26]

因此,只要Y的不法占有状态持续,X便可以持续地请求Y承担损害赔偿责任或返还不当得利。是否存在能够终止这种不法占有状态的方法呢?按照本判决的表述,只有重新经过包括X在内的全体共有人完成第252条第1款[27]所规定的协商,依持份的多数决缔结与本案使用借贷合同相同内容的合同时,Y的占有才变得完全正当。[28] 对于这种观点,存在如下批判:其一,既然本案的使用借贷合同是由多数持份权人缔结,重新协商无异于叠床架屋,倒不如直接认定Y的占有合法;[29]其二,若采用此种观点,当占有人是少数持份权人或经过少数持份权人同意占有的人时,则改由多数持份权人提出交出请求,这在有必要使共同继承人中的一人继续占有继承的不动产时将产生不利后果,

---

〔23〕 最高裁判所第二小法廷2000年4月7日判决,判例時報1713号(2000年)50頁;参见民法第249条第2款(对应修改后的民法追加的内容)。另外,此处日文原文表述为"損害賠償または不当利得の返還",镰田老师将其修改为"使用の対価の償還"。

〔24〕 大審院1922年2月20日判决,大審院民事判例集1卷1号56頁。

〔25〕 参见谷田貝三郎「判批」民商法雑誌56卷1号(1967年)114頁、金山正信「判批」判例評論96号(1966年)9頁等。

〔26〕 原田純孝「判批」判例タイムズ682号(1989年)63頁参照。

〔27〕 修改后民法的最新条文。

〔28〕 即使X缺席,决议也不会因此无效。

〔29〕 石田喜久夫「判批」判例タイムズ505号(1983年)39頁(石田喜久夫『民法判例評釈』(成文堂,1990年)51頁)。

学界从很早便指出了这一点。[30] 受此影响，2021 年修改后的民法新设第 252 条第 3 款，规定“共有人之间的决定对使用共有物的共有人造成特别影响时，应征得其同意”。[31]

可见，上诉判决并未就案件本身提出最终的解决方案，也没有明确理论上的难点，但无论如何，X 开始占有本案房屋实际上已不可能实现。为了终结现在的状态，消除持续侵害少数持份权人 X 权利的违法状态，只能进行遗产分割。

〔30〕 参见星野英一「判批」法学協会雑誌 84 巻 5 号(1967 年)171 頁(星野英一『民事判例研究二 1』(有斐閣，1971 年)210 頁)、原田純孝「本件判批」判例タイムズ682 号(1989 年)63 頁及所引用的文献。

〔31〕 追加内容。

最初发表出处一览

注:最初发表时的文章标题与本书标题相同的,本书省略了最初发表时的文章名;最初发表的论文是连载论文的,本书将其整合为了一篇论文。

1. 意思表示による物権変動

「不動産物権変動1」法学教室109号(1989年10月号)、「意思表示による物権変動」石田喜久夫編『判例と学説2/民法1〔総則・物権〕』(日本評論社,1977年)。

2.「対抗要件主義」の基本問題(1)——対抗問題と公信問題の区別

「不動産物権変動2」法学教室110号(1989年11月号)、「不動産取引と第三者の保護(1)——対抗問題と公信問題の区別」法学セミナー407号(1988年11月号)。

3.「対抗要件主義」の基本問題(2)——一七七条の適用範囲

「不動産物権変動3」法学教室111号(1989年12月号)。

4.「二重譲渡」の法的構成

加藤一郎＝米倉明編『民法の争点（ジュリスト増刊）』（1978年、新版1985年、新シリーズ2007年）。

5.背信的悪意者

「民法一七七条と背信的悪意者」平井宜雄編『民法の基本判例（別冊法学教室）』（1986年）、「背信的悪意者」石田喜久夫編『判例と学説2/民法1〔総則・物権〕』（日本評論社,1977年）。

6.背信的悪意者からの転得者と民法177条の第三者

椿寿夫＝川又良也＝國井和郎＝徳田和幸編『私法判例リマークス16号』（1998年）。

7.法律行為の取消しと登記

ロー・スクール25号（1980年10月号）。

8.相続と登記

ロー・スクール26号（1980年11月号）。

9.取得時効と登記

法学セミナー304号（1980年6月号）。

10.不動産の取得時効完成後の譲受人と背信的悪意者

椿寿夫＝川又良也＝國井和郎＝徳田和幸編『私法判例リマークス34号』（2007年）。

11.登記請求権

山田卓生＝野村豊弘＝円谷峻＝鎌田薫＝新美育文＝岡孝＝池田真朗『分析と展開/民法Ⅰ〔総則・物権〕』（弘文堂,1982年;補訂版,1992年;第三版,2004年）。

12.不動産の付合

磯村保＝鎌田薫＝河上正二＝中舎寛樹『民法トライアル教室』（有斐閣,1999年）。

13. 共同所有

磯村保=鎌田薫=河上正二=中舎寛樹『民法トライアル教室』(有斐閣,1999年)。

14. 共有物の利用と明渡請求

「共有者の一部の者から共有物の占有使用を承認された第三者に対する明渡請求の可否」ジュリスト935号(昭和63年度重要判例解説)(1989年)。

关键词索引*

（根据关键词首字母排序，括号中为原著页码）

* 为方便读者检索本书的关键词，经与本书作者协商，中文版按照中国出版的惯例，将书中关键词对应的页码全部列出。——译者注

D 行

E行

F行

G行

J行

K行

L行

N行

Q行

R行

S 行

T 行

W 行

X 行

Y 行

Z行

图书在版编目(CIP)数据

民法笔记. 物权法. Ⅰ ：第3版 / (日)鎌田薫著；于宪会译. -- 北京 ：法律出版社，2022(2023.2 重印)
(西南政法大学民商法学术论丛)
ISBN 978-7-5197-7197-3

Ⅰ. ①民… Ⅱ. ①鎌… ②于… Ⅲ. ①民法-研究②物权法-研究 Ⅳ. ①D913.04

中国版本图书馆CIP数据核字(2022)第210240号

民法笔记:物权法Ⅰ(第3版)
MINFA BIJI:WUQUANFA Ⅰ(DI-3 BAN)

[日]鎌田薫 著
于宪会 译

责任编辑 王 珊
装帧设计 贾丹丹

出版发行 法律出版社
编辑统筹 学术·对外出版分社
责任校对 裴 黎
责任印制 陶 松
经 销 新华书店

开本 A5
印张 6.75 **字数** 168千
版本 2022年12月第1版
印次 2023年2月第2次印刷
印刷 三河市龙大印装有限公司

地址:北京市丰台区莲花池西里7号(100073)
网址:www.lawpress.com.cn
投稿邮箱:info@lawpress.com.cn
举报盗版邮箱:jbwq@lawpress.com.cn

销售电话:010-83938349
客服电话:010-83938350
咨询电话:010-63939796

书号:ISBN 978-7-5197-7197-3 **定价**:48.00元
凡购买本社图书,如有印装错误,我社负责退换。电话:010-83938349